Nelson Pereira da Costa

Administração do Tempo

Um Manual do Tempo Executivo

EDITORA CIÊNCIA MODERNA

Administração do Tempo - Um Manual do Tempo Executivo

Editor: Paulo André P. Marques
Produção Editorial: Dilene Sandes Pessanha
Capa: Daniel Jara
Diagramação: Daniel Jara
Copidesque: Equipe Ciência Moderna

FICHA CATALOGRAFICA

COSTA, Nelson Pereira da.

Administração do Tempo - Um Manual do Tempo Executivo

Rio de Janeiro: Editora Ciência Moderna Ltda., 2025.

1. Administração – Organização e Normas
I — Título

ISBN: 978-65-5842-445-1

CDD 658

Editora Ciência Moderna Ltda.
R. Alice Figueiredo, 46 – Riachuelo
Rio de Janeiro, RJ – Brasil CEP: 20.950-150
Tel: (21) 2201-6662/ Fax: (21) 2201-6896
E-MAIL: LCM@LCM.COM.BR
WWW.LCM.COM.BR

02/25

A Manoel e Beatriz (in memoriam)

Meus pais e amigos que me deram educação, apoio e condições para que eu pudesse estudar e ter a melhor formação possível. Grato pela paciência e bondade. Muita Saudade.

Prefácio

Da última visita a Bienal do Livro, no Rio de Janeiro, constatei que os livros de autoajuda eram os mais vendidos. A procura de um pai pelo ser humano é muito grande. Lá, encontrei alguns livros sobre administração do tempo, voltados para um público-alvo não definido. Comprei três livros sobre o assunto e à noite dei uma rápida leitura nos mesmos. Nada de interessante.

Então me lembrei que tinha uma apostila que utilizei quando dei um curso de Administração do Tempo, porque sempre ouvi, em minhas andanças, reclamações das pessoas sobre a falta de tempo. Alguns dizem que 24 horas não são suficientes para solucionar os problemas diários. Como o tempo é igual para todos, começou a brotar a ideia de um livro que tivesse o título: *Administração do Tempo*.

Tal obra ajudará as pessoas que sofrem da febre da ocupação porque não sabem o que fazer com o tempo. Acredito que este projeto será uma ferramenta útil para qualquer pessoa que queira aprender a Administrar o Tempo. Embora o livro seja aberto a qualquer leitor, ele está mais direcionado para a administração do tempo executivo.

O livro foi estruturado em sete capítulos, cujos objetivos são os seguintes:

Capitulo 1 – Administração do Tempo – Mostrar o tempo como um recurso inelástico e muito difícil de administrar.

Capítulo 2 – Gerência do Tempo – Mostrar que a arte de dirigir pessoas e gerenciar recursos envolve a administração do tempo.

Capítulo 3 – Tempo para Decidir – Mostrar a dificuldade de se tomar uma decisão acertada com o mínimo de risco possível.

Capítulo 4 – Tempo Executivo – Mostrar que existem regras para controlar o tempo do executivo empresarial.

Capítulo 5 – Tempos e Movimentos – Mostrar ferramentas para economizar e eliminar tempos e movimentos desnecessários.

Capítulo 6 – Estudo de Caso – Mostrar um exemplo de como administrar o tempo executivo.

Capítulo 7 – Uso do Tempo – Mostrar um questionário de autoavaliação do uso do tempo e sua chave de resposta.

Gostaria de manifestar meus agradecimentos a todos aqueles que, direta e indiretamente, me ajudaram a construir esta obra e, em especial, a Alexandre, meu filho, não mais entre nós.

Nelson Pereira da Costa

SUMÁRIO

Introdução

Tempo é dinheiro ("Time is Money") diz o ditado. Mas, qual é a importância do tempo para uma pessoa? O problema maior é a necessidade de certos indivíduos que o dia tenha mais de 24 horas. As tecnologias da informação e da comunicação ajudam, porém todos continuam a lutar contra uma agenda repleta de compromissos, decisões a tomar, problemas a resolver, relatórios a fazer (ou ler) e e-mails se acumulando sobre a mesa de trabalho ou no computador.

Raras são as pessoas com capacidade para usar o tempo de maneira racional. Estão sempre reclamando que não têm tempo para nada. Se o tempo é igual para todos, por que as horas passam tão rápidas para algumas pessoas e para outras não?

O problema não é do tempo, mas sim do uso que dele fazemos. Como disse Benjamin Franklin: "Não gaste seu tempo inutilmente, pois é dele que a vida é feita". Dentre os recursos, o tempo possui características bem próprias, porque não tem cheiro, massa, comprimento, peso, densidade, volume, temperatura e local de atuação.

A água se transforma em gelo, e vice-versa, o combustível em energia. Entretanto, o tempo uma vez utilizado (transcorrido, medido) desaparece, não tem permanência, consistência, corre em segundos, minutos, horas, dias, semanas, meses, anos, séculos e milênios. Qualquer pessoa anseia por mais tempo ou por melhor uso dele. Então, o tempo deve ter muito valor. Valor não entendido pela maioria das pessoas. Por quê?

Uma outra consideração é o fato de que algumas pessoas têm tempo suficiente e outras acham que não têm, tendo em vista que o mesmo é um bem distribuído de forma justa para todas. Muito mais justa do que a distribuição da renda, das propriedades, da beleza, da inteligência e da saúde, por exemplo. Numa análise simples e rasteira sobre o sucesso das pessoas, tirando-se o fator sorte, pode-se dizer que elas utilizaram o tempo de forma útil e inteligente.

Os bem-sucedidos, geralmente, usam melhor o tempo para ações bem pensadas, enquanto os outros deixam de aproveitar o tempo de maneira adequada. Os objetivos alcançados dependem muito da forma pela qual aplicamos o nosso tempo. Segundo Rosa R. Krausz: "Nossas ideias sobre o tempo são adquiridas, em grande parte, através das influências que recebemos do processo educacional a que somos submetidos desde o nascimento. Adotamos conceitos, criamos imagens, desenvolvemos hábitos e maneiras de agir e reagir.

Estabelecemos padrões que acabam por se tornar uma segunda natureza que passa a dirigir os rumos da nossa vida como se estes fossem inexoráveis e imutáveis. A tal ponto isto acontece que nossas reações se automatizam e não só deixamos de tomar consciência deste fato como também acabamos por diminuir nossa capacidade de encontrar opções para alterá-las. A consequência poderá ser um sentimento íntimo de derrota e de impotência diante da vida, que nos arrasta como uma correnteza e contra a qual nos debatemos inutilmente".

É muito comum se ouvir: por mais que me esforce não consigo tempo para nada; não consigo me livrar de tantas pessoas para atender; não tenho tempo discricionário e lazer; minhas férias passam rapidamente; cada vez tenho menos tempo para "viver". Por isso que seminários sobre a administração do tempo são os mais vendidos.

Infelizmente, muita gente dá ao uso do tempo um enfoque mecanicista. Renato Bernhoeft observa: "Mais importante do que ganhar tempo é como usar o tempo que se ganha". A utilização do tempo como recurso pode adquirir caráter estratégico, uma espécie de ferramenta competitiva. Algumas organizações promovem o estudo da racionalização do tempo, contratam serviços terceirizados, discutem o uso do tempo com seus parceiros, premiam inovações em processos para que a organização se torne mais veloz e, portanto, mais efetiva.

As imagens sobre o tempo são determinadas pelas pessoas e pelos ambientes. Muitos o utilizam, de forma inconsciente, como uma máquina ou um servomecanismo, sem se dar conta do seu valor. É muito comum quando somos jovens gastarmos o tempo em atitudes inconsequentes. Quando nos arrependemos das bobagens feitas em relação ao tempo passado, estamos próximos da idade da razão (Jean Paul Sartre).

Num rápido apanhado, as imagens mais encontradas sobre o tempo são: o tempo como nosso grande tirano; o tempo como nosso inimigo; o tempo como um mistério; o tempo como nosso escravo; o tempo como nosso juiz; o tempo como recurso a ser bem utilizado.

Não é que o presente, o dia-a-dia, não tenha importância, nem que o mundo seja um paraíso (ou uma ilusão), mas as pessoas orientadas para o planejamento do futuro e que se sentem amarradas ao tempo precisam entender, também, que: "Tudo é provisório e nada é definitivo" (Teoria do Caos). Existem pessoas bem-sucedidas que se recusaram a serem devoradas pelo tempo, isto é, viveram no presente sem se importar com os acontecimentos contemporâneos. Isto é possível, mas muito improvável.

Um aspecto que precisa ser ressaltado é o conflito "viver × dormir", porque quando dormimos estamos aparentemente mortos, sem "vida". Embora o tempo passe, ele não é utilizado para realizações e aprendizagem. Em muitas entrevistas é comum ouvir de pessoas de certa idade o lamentar do tempo perdido com o sono. Podem-se incluir, também, ações de extrema inutilidade que não acrescentaram nada a uma curta existência e não prepararam a pessoa para uma velhice com sabedoria e conhecimento.

Quando o ser humano atinge os 40 anos ele começa a olhar para trás e lembrar de atitudes de comodismo, resignação e complacência; ter perdido encontros e oportunidades por estar dormindo. Muitas pessoas depressivas (mesmo jovens) se entregam ao sono porque não têm coragem de enfrentar a vida difícil e dura da maioria de nós. Fica a pergunta: Por que pessoas que tiveram sucesso nas artes, nas ciências, na filosofia e no trabalho dormiram tão pouco?

O tempo nunca pode perder o seu significado. À medida que envelhecemos, começamos a dar mais valor ao tempo, porque sabemos que estamos mais próximos da morte e que muito pouco "realmente" realizamos.

Capítulo1

Administração do Tempo

"A trágica experiência de conhecer a transitoriedade da vida ajuda o ser humano a empregar seu tempo com responsabilidade."

José C. V. Gomes

Objetivos do Capítulo

- Mostrar que o tempo é um recurso inelástico.
- Mostrar que a administração do tempo depende da situação e da pessoa.
- Mostrar os diversos enfoques que se dá para o tempo.

1.1 Tempo

O conceito de tempo está ligado à noção de espaço, porque o tempo precisa de um espaço (dimensão) para ser medido. Os físicos dizem que devemos nos referir ao tempo como espaço-tempo. Não existe tempo absoluto.

O tempo é cada vez mais um recurso escasso, inelástico, não estocável, mas ele não é importante apenas como recurso. O efeito que seu uso provoca em nós também é fundamental. Pressa, ansiedade e frustração provocam má qualidade de produtos, relações e resultados.

De todos os recursos ao alcance de um indivíduo, o tempo é o mais pessoal e o mais comumente desperdiçado. Aquele que se propõe a usá-lo de forma efetiva e inteligente terá de conhecer profundamente as funções administrativas. Assim, podemos considerar que tempo é recurso, cujo significado é intrínseco a cada indivíduo.

O tempo não é a mesma coisa para todo o mundo. Parece ter especial significado para aqueles que se sentem atraídos pela Administração. As pessoas com grande necessidade de autorrealização podem desejar posição, cargo, poder, status e bens como qualquer pessoa, mas o que lhes interessa é a fórmula para se chegar a estas necessidades.

Movimento, direção e valor são características principais da visão do tempo desses indivíduos. Pessoas que possuem uma grande sede de realização são mais conscientes do significado do tempo. Para elas o tempo é um recurso precioso, estando particularmente exposto às pressões conjunturais.

O constante predomínio das exigências imediatas tem como resultado uma insuficiência deste recurso para pensar e escrever. Consequentemente, cresce sempre uma tendência para que os executivos limitem seus interesses e atividades a áreas cada vez mais reduzidas e a se concentrarem em leitura de caráter técnico e específico. Porém, existe a dúvida: Será que a falta de um conhecimento interdisciplinar não tirará de nós a melhor forma de administrar o tempo?

Pior mesmo são as pessoas que não têm tempo para nada e que acham uma tolice fazer uma autoanálise do uso do tempo. Atuam como robôs e correm o risco de perderem a noção do quem são e quais as suas convicções, se as tiverem ainda. Portanto, sempre confronte o seu futuro.

O economista que tirou o EUA da depressão financeira de 1929, John Maynar Keynes, insistia em dizer, contra aqueles que achavam que o mercado resolveria tudo (política neoliberal): "O Estado, às vezes, precisa intervir, já que os oportunistas são o escolho da humanidade. O sucesso e o fracasso podem ser alcançados, rapidamente, mas a construção do modelo de sucesso sempre leva mais tempo".

Evidentemente que a vida e a morte não são tão íntimas do homem de negócio, mas o domínio do presente sobre o futuro pode ser o grande macete. A organização burocratizada leva o indivíduo a se concentrar no imediatismo, fato profundamente lamentável. "Os reais desafios gerenciais são tão difíceis e provocam tanta ansiedade, que os indivíduos desejam que seus dias sejam preenchidos com detalhes e trivialidades" (C. Northcote Parkinson).

É durante o processo de orientar e treinar um subordinado que mais evidente aparece o medo de perder o controle, com efeitos colaterais sobre o tempo. Esta incerteza deriva das grandes jornadas de trabalho que consomem horas intermináveis, às vezes improdutivas.

A visão do tempo conscientiza o administrador sobre o seu significado e utilização. Qualquer um, que se propõe a usar efetivamente o tempo, terá de conhecer as funções administrativas (planejar, dirigir, organizar, controlar, coordenar, comandar, comunicar, delegar, analisar, prever...).

1.2 Administração

A administração se apresenta como um conjunto de conceitos, princípios, regras, métodos, funções e técnicas isoladas cujo conhecimento auxilia o dirigente no alcance dos objetivos da organização, utilizando recursos próprios ou adquiridos. A palavra administração vem do latim "ad" (direção para; tendência para) e "minister" (subordinação ou obediência) e significa aquele que realiza uma função abaixo do comando de alguém, isto é, aquele que presta um serviço a outro. Administração significa subordinação e serviço.

Portanto, administrar uma organização é tirar o melhor partido das circunstâncias (externas e internas), de modo a utilizar o mais eficientemente possível os recursos que dispõe para sua sobrevivência. O objeto de estudo da administração é a organização como um sistema composto de subsistemas que interagem entre si e com o ambiente.

Um dos traços mais característicos da nossa moderna sociedade é a preponderância do esforço grupal organizado. Dificilmente a consecução de vários objetivos é buscada através de esforços individuais. Os bens e serviços que satisfazem às nossas necessidades econômicas, por exemplo, são, principalmente, produzidos e distribuídos por unidades empresariais compostas por mais de uma pessoa.

Diante de quem a administração da empresa é responsável? De acordo com a lei, a administração deve gerir os negócios no melhor interesse dos sócios (cotistas, acionistas). Aqueles que se opõem acham que a administração deve ter responsabilidade para com a sociedade, os consumidores, os empregados, os fornecedores e os governos.

Muitos executivos defendem que a administração deve ser responsável para com a empresa e todos os grupos interessados.

Um dos traços mais característicos da nossa moderna sociedade é a preponderância do esforço grupal organizado. Dificilmente a consecução de vários objetivos é buscada através de esforços individuais. Realmente, refletir o processo básico e os princípios da administração diz respeito a todo o grupo, cuja finalidade é obter os melhores resultados possíveis. Isto só se consegue por meio de uma cooperação organizada.

A administração tornou-se importante na condução da sociedade, porque ela deixa marcas na vida das pessoas, à medida que lhes ensina como executar as funções administrativas e conhecer as funções organizacionais da empresa, como, também, que comportamento deve ter junto a: consumidores, fornecedores, funcionários, usuários, pacientes e demais organizações humanas.

O despontar da administração como uma instituição é um evento crítico na história da humanidade. Poucas vezes, ele foi contestado, e ainda mereceu uma aceitação geral. Talvez a administração permaneça ainda por muitos anos, pois ela conseguiu fundamentar o sistema industrial e estabelecer as crenças básicas da sociedade de negócios, tais como: Possibilidade de organizar a existência humana; as transformações administrativas podem ser o catalizador do desenvolvimento humano e da justiça social.

Vale lembrar Jonathan Swift que, há duzentos e cinquenta anos, disse: "Quem quer que faça crescer duas folhas de capim onde antes crescia apenas uma, merece mais louvores da humanidade do que qualquer filósofo especulativo ou criador de sistemas metafísicos".

Para muitos, a administração é considerada como uma arte e para outros uma prática. O que distingue o trabalho de administração dos outros tipos de atividades, executadas no seio de uma organização, é o fato de o mesmo concentrar-se em manter a organização viva, facilitando atingir seus fins.

A administração é necessária em todas as organizações modernas. De fato, logo percebemos que ela é até mais necessária em organizações que não são empresas privadas, sejam não lucrativas ou não governamentais. Essas organizações precisam até mais de administração, porque não dispõem da disciplina do resultado financeiro sob a qual a empresa opera. Hoje, a administração é aceita em todos os países, como um importante apêndice da sociedade do conhecimento.

A tarefa da administração é interpretar os objetivos propostos pela organização e transformá-los em ação, atendendo a situação existente. A administração revela-se nos dias de hoje como uma das áreas do conhecimento humano mais impregnadas de complexidades e de desafios. O profissional que utiliza a administração como meio de vida pode trabalhar nos mais variados níveis de uma organização.

Um grande contingente de estudiosos das áreas de economia, engenharia, sociologia, psicologia, estatística, matemática e eletrônica invadiu o campo da administração com novas teorias e técnicas. A literatura dedicada à administração se acha, hoje, repleta de referências à programação matemática, à teoria da decisão, à teoria da comunicação, à cibernética, à informática, à teoria da interação, à teoria da motivação, à teoria de sistemas, à tecnologia da informação e à Internet. Esse desenvolvimento originou um enorme acúmulo de conhecimento útil para os que exercem ou pretendem exercer funções administrativas.

1.3 Administração do Tempo

A administração do tempo é essencialmente uma atividade cerebral, embora a força irresistível da emoção a penetre. Com isso, muitas vezes é possível haver desvios para trabalho improdutivo. Pode-se dizer que é um conjunto de princípios, premissas e práticas voltadas a mais bem fazer uso do tempo.

A administração do tempo começa com a autodescoberta, isto é, como utilizamos o nosso tempo, o que não nos satisfaz e o que desejamos mudar. Como mais coisas temos para fazer e mais pessoas a atender, devemos considerar o tempo como um recurso que precisa ser muito bem otimizado.

O objetivo da administração do tempo é aumentar a efetividade (eficiência + eficácia + velocidade) da pessoa, permitindo que ela, mais em menos tempo, atinja seus objetivos com o menor custo, esforço físico e mental.

Os seres humanos são eminentemente gregários. Nascem, vivem e morrem fazendo parte de grupos e, em cada um destes, aos quais se filiam por opção própria, por acaso ou por imposição da sociedade em que vivem, os indivíduos representam papéis que lhes conferem direitos e deveres que, por sua vez, determinam certos comportamentos na utilização do tempo.

A participação nos diferentes grupos consome tempo, não só para representar os papéis assumidos, como também para atender às expectativas que se criam em torno dos mesmos. Cada um destes papéis absorve não só parte da nossa energia como também uma parcela das nossas 24 horas do dia. Assim, é sugerido que o leitor analise, com especial cuidado, aquela área do conhecimento onde suas dificuldades são acentuadas.

Mesmo os executivos conscientes e treinados para a administração do tempo entram em contradição e se perdem com o que não deviam fazer. É por isso que a mecânica dos dispositivos de controle do tempo não nos deve enganar. O problema persiste porque as prioridades mudam constantemente e a busca daquilo que é realmente importante fazer é um exercício de inteligência e não o resultado garantido de esquemas de bem administrar o tempo.

Então, o que fazer para que você use o seu tempo de uma maneira mais consistente? Estabeleça mecanismos de autorregulação, busque ler o cenário com os pés no chão, busque sinais para uso correto do tempo. Em resumo, procure influir sobre o desenho de sua organização e de seu ambiente para que eles sejam instrumentos da sua realização pessoal.

Segundo Peter Drucker, "o administrador que utiliza bem seu tempo também se dedica a pensar bastante sobre os problemas e sobre o que pode fazer para que o mesmo tenha êxito em suas ações". Para você ser um bom administrador do tempo basta observar o seguinte:

Os princípios de uma boa administração do tempo são:

- Reservar algum tempo para planejar adiantadamente o seu dia.
- Delegar parte do seu trabalho que pode ser feito por outra pessoa qualificada.
- Dar aos subordinados uma hora fixa para encontros.
- Levar, em viagens, material para leitura.
- Evitar tempos de espera, sempre que possível.
- Fazer reuniões somente quando necessárias e com as pessoas certas.
- Usar efetivamente o tempo para pensar (é bom trabalhar, mas aquele que só trabalha e não pensa, não evolui).

As premissas de uma boa administração do tempo são:

- Não se esqueça do futuro e quais são as tarefas prioritárias.
- Não se valha da memória, ponha as atividades a realizar no papel.
- Prepare-se para enfrentar surpresas desagradáveis.
- Utilize a agenda com racionalidade, definindo espaços de tempos congruentes com o assunto a ser trabalhado.
- Preveja folgas para interrupções.
- Não congestione a sua agenda de trabalho.
- Faça um estudo para saber aquilo que deu errado.
- Crie procedimentos, políticas e modelos para agir em casos semelhantes.
- Evite acúmulo de trabalho, delegue.
- Acredite na metodologia que você criou para controlar o tempo, só alterando se realmente você fracassar.
- Dê crédito ao planejamento, porque sem ele você ficará perdido.
- Leia livros sobre administração do tempo.
- Conheça as funções administrativas.
- Evite se envolver com o desnecessário.

1.4 Elementos do Tempo

A seguir, os principais elementos do tempo:

Febre da Ocupação – Globalização, inovações tecnológicas e competição selvagem por poder fazem com que homens e mulheres de negócios trabalhem como nunca. Nos últimos anos, as fronteiras comerciais foram derrubadas e provocaram uma profunda mudança na economia mundial. Para serem competitivas, mesmo pequenas empresas, tiveram de elevar sua produtividade ao nível dos concorrentes, inclusive de grandes companhias de países como Estados Unidos e Japão. A competição atingiu os executivos, que passaram a disputar posições com profissionais de todas as partes do mundo.

A Revolução Digital, que se intensificou a partir da década de 1990 com a adoção generalizada de telefones celulares e computadores cada vez mais portáteis, aumentou sensivelmente a produtividade das empresas, o que não deixa de ser um paradoxo.

Quando os futurólogos do Século XX falavam de maior tempo de lazer e aproveitamento da vida, por que tanto trabalho em detrimento de uma melhor qualidade de vida? Por que trabalhamos tanto? Por que não temos mais horários livres? Colocar o trabalho, acima de tudo, tornou-se uma necessidade para quem pretende atingir o topo da carreira.

Mesmo estando ciente das suas necessidades, você pode ter de enfrentar este problema, sofrer de uma doença chamada *febre da ocupação*. Talvez esteja tão ocupado que não tem tempo para se tornar melhor diretor da própria vida. Neste ponto, vale a pena fazer uma autoavaliação a respeito. Individualmente, procure assinalar as proposições que se aplicam a você na sua perda de tempo, tais como:

- Gastar muito tempo em problemas que lhe são trazidos pelos subordinados.
- Supervisionar excessiva ou insuficientemente o subordinado.
- Programar trabalho sem critério de prioridade.
- Começar uma tarefa antes de considerá-la cuidadosamente.
- Abandonar tarefas iniciadas.
- Fazer coisas que podem ser delegadas ou que podem ser feitas por uma máquina.
- Fazer coisas que na verdade não é parte do seu trabalho.
- Gastar tempo demais em suas antigas áreas de interesse ou competência.
- Fazer coisa improdutiva por hábito.
- Manter excessivo número de registros (complicados e superpostos).
- Dedicar-se a projetos que você não pode realizar.
- Dar atenção a coisas sem valor, não sabendo ler o cenário.
- Lidar com muitas coisas ao mesmo tempo.
- Fugir de tarefas novas e ameaçadoras.
- Permitir divagações em reuniões, não tendo jogo de cintura para contorná-las.
- Deixar ocorrer discussões, após ter encerrado a reunião.
- Realizar reuniões, visitas e telefonemas desnecessários.
- Procurar dados irrelevantes só para mostrar que é o tal.
- Buscar o convívio social, deixando o trabalho de lado.
- Ler publicações que nada tenham a ver com sua função, durante o expediente. Não delegar tarefas por achar que subordinados são incompetentes.
- Acreditar que o computador resolverá todos os problemas empresariais.

Vedando essas perdas de tempo, é possível você curar-se da *febre da ocupação* e encontrar mais tempo para desenvolver suas habilidades administrativas (se as tiver) e melhorar seus conhecimentos congruentes com o cargo que ocupa na organização, na sociedade e na família.

Estar assoberbado demais parece uma desculpa maravilhosa, mas é uma justificativa muito insatisfatória para não atacar problemas vitais que podem comprometer o seu futuro. O chefe ocupado demais, provavelmente, deve ser incompetente.

Embora a vida seja curta, sempre haverá tempo de recomeçar, desde que haja vontade. Afinal, desta vida só se leva a vida que se levou.

Uso do Tempo – Por que todos nós trabalhamos com a hipótese de que não vamos realizar o que queremos? Porque há sempre a sensação de que não dispomos de tempo ou que o trabalho será incompleto e improvisado.

Na verdade, nosso trabalho é variado e descontínuo, sofrendo interrupções por fatos inesperados, telefonemas, conflitos, oportunidades, urgências, ameaças e outras pendengas, devido à enorme quantidade de controles e detalhes, papéis e estilos de atuação necessários num curto espaço de tempo.

Que dirá do trabalho de um dirigente, cuja necessidade de criação e improvisação está acima dos mortais. Por analogia pode-se dizer que é como o trabalho de um clínico que atende diversas enfermidades, sem ter suficientes informações para diagnosticar com mais precisão. Será que o presidente de uma grande organização é agitado, estressado, vive em tensão constante, tem uma tendência para soluções superficiais, costuma esbanjar o tempo em pequenos detalhes urgentes do dia-a-dia.

Então, o que as pessoas fazem com seu tempo? Pode-se dizer que as pessoas dedicam tanto tempo a coisas irrelevantes que não sobra senão pouco para o que é importante fazer. Peter Drucker diz que "os executivos têm tendência para coisas inconsistentes".

No que William Oncken acrescenta: "eles têm preferência para fazer o que já faziam antes, para aquilo que lhes é familiar e que já deveriam ter delegado". Ambos, na realidade, parodiaram Maquiavel.

Louis Allen contribuiu com sua própria lei: "Os assuntos operacionais têm prioridade sobre os essenciais". O que no fundo é a aplicação da Lei de Gresham: "A moeda ruim expulsa a moeda boa". Para completar temos o genial C. N. Parkinson criando a sua lei sobre o tempo: "O trabalho se expande por todo o tempo disponível".

Padronização do Tempo – Os padrões de tempo na empresa são aqueles que atribuem valores para o tempo gasto na execução de uma tarefa, fabricação de um produto, prestação de um serviço, estocagem, atendimento, permanência do empregado no cargo e na empresa, processamento do pedido, reposição de material.

Prazo – É o espaço de tempo durante o qual deve realizar-se algum evento, processo, atividade, tarefa, por exemplo. A primeira condição para disciplinar o trabalho é estabelecer com antecedência prazos certos para cada meta ou tarefa através de cronogramas, mesmo que tenham de ser reformulados, posteriormente, e exigir prazos dos subordinados. Todavia, é difícil para o chefe impor datas precisas para serem cumpridas.

Agenda – A agenda é uma lista sumária, geralmente, com data e hora marcadas, em que são feitas anotações de compromissos, transmissão de informações, apontamentos pessoais, questões a serem debatidas, tarefas a serem cumpridas, ações e decisões a tomar, por exemplo. O tempo deve ser considerado um aliado e não um inimigo do homem.

Assim, qualquer uso mais efetivo do tempo tem de começar com um controle. Fazer uma lista do que é preciso fazer, priorizar os itens, ajuda o trabalho do administrador, mas nunca deve ficar refém de uma agenda de trabalho. Se perder a agenda, não mais administrará? Infelizmente, é uma prática muito comum para os neófitos em Administração

Premência de Tempo – Esta é claramente a pressão mais sentida. Em organizações, que vivem em constante crise e falta de tempo, é provável encontrar dirigentes, que resolvem as coisas à sua maneira, sem consultar alguém, isto é, de cambulhada.

Levantamento de Tempos – O levantamento de tempos é considerado um estudo em que os dados de tempo são conseguidos por meio de técnicas e de métodos, tais como: Observação e Estimativa.

Amostragem – A finalidade deste método é reduzir custos, eliminar desperdícios de tempo, obter dados mais confiáveis e simplificar o trabalho. Os objetivos do levantamento amostral devem ser definidos com clareza. Para que as estimativas dos parâmetros populacionais sejam representativas, deve-se fazer uma seleção ao acaso, desde que todos os elementos tenham a mesma possibilidade de ser selecionados. Por esse processo, cada elemento de uma população deve ter a mesma probabilidade de ser incluído na amostra.

Cronometragem – A cronometragem é importante para se saber o tempo gasto num determinado trabalho, visando, principalmente, o custo desta mão de obra ou de processo. Para facilitar a avaliação da regularidade de um tempo de trabalho, utiliza-se o cálculo da taxa de variabilidade do elemento cronometrado.

Fundamentalmente, para efeito de um racional exame dos tempos, é necessário realizar uma prévia repartição do trabalho a medir, em elementos de fácil individualização e a determinação dos momentos de início e fim de cada estudo. É conveniente, pois, como fase preliminar, dedicar-se ao estudo das operações, a fim de determinar e definir o seu ciclo executivo.

Entendemos por ciclo o conjunto de elementos que constituem uma sucessão característica e completa, cuja repetição de todo o trabalho venha a se desenvolver. Tais elementos podem ser:

- Em relação à regularidade de apresentação: elementos repetitivos, elementos ocasionais e elementos estranhos.
- Em relação à regularidade quantitativa: elementos constantes e elementos variáveis.
- Em relação à regularidade qualitativa: elementos acima e elementos abaixo da média.

Administrador do Tempo – Aquele que utiliza o tempo para pensar sobre os problemas, descobrindo novos meios para o êxito da organização. Segundo Peter Drucker, "o administrador que utiliza bem seu tempo também se dedica a pensar bastante sobre os problemas e sobre o que pode fazer para que o mesmo tenha êxito em suas ações".

Leis do Tempo – Os assuntos operacionais têm prioridade sobre os essenciais (Louis Allen). A moeda ruim expulsa a moeda boa (Lei de Gresham)

Normas para Controlar o Tempo – Tais normas podem ser:

- Analisar o tempo consumido.
- Desenvolver a ação preventiva.
- Implantar o planejamento integrado.
- Persistir na perseguição dos objetivos.
- Estabelecer com antecedência prazos e programas.
- Dispor de alternativas e de flexibilidade.
- Evitar superposição de tarefas.
- Concentrar esforços, buscando a eficiência para chegar à eficácia.
- Implementar a descentralização e a delegação.
- Hierarquizar procedimentos.
- Controlar seletivamente.
- Utilizar gráficos.
- Assumir os problemas, erros e tentar entendê-los.
- Trabalhar com tranquilidade.
- Programar as interações.
- Selecionar o relevante, o urgente e o importante.

1.5 Inutilidade

É senso comum que milhões de pessoas fazem coisas inúteis. Pior, pensam que estão realizando atividades úteis. Então, por que há uma compulsão generalizada por realizar coisas inúteis? Será que é para passar o tempo? Ou o nível de percepção dessas pessoas é muito baixo? Por que elas perdem tempo com bobagens que não têm sentido para a vida, já que a mesma é tão efêmera e preciosa?

Talvez porque o ser humano seja quem for, tem a presunção de saber mais que os outros, independentemente do cargo que ocupe na organização que trabalha ou do papel desempenhado na sociedade. Ou será que as pessoas acreditam que já sabem o suficiente para sobreviver, e que a vida é isso mesmo? Uns nasceram para mandar e outros para receber ordens? Uns para serem ricos e outros para serem pobres?

Curioso é o fato de que a ciência e a fé explicam tudo. A ciência por suas teorias e a fé por seus dogmas. Pessoas, em geral, abordam inutilidades em suas conversas, talvez porque encaram a vida, dura, aleatória e injusta, muito difícil de ser vivida. Aí, se desforram falando de novelas, filmes, jogos de futebol, artistas da TV, cantores, ídolos e outras trivialidades.

Na Inglaterra, país considerado civilizado, os jornais que mais vendem são aqueles tabloides que falam mal da aristocracia e da família real. Tempo perdido ou vingança sobre as dificuldades das pessoas e suas idiossincrasias, isto é, a minha vida é difícil, mas a do príncipe é muito mais complicada.

A lição é bastante clara: O homem generaliza para tornar a vida mais tolerável e mesmo possível. Do contrário, cada um dos problemas com que se defronta requereria que ele começasse tudo de novo, a partir do nada. Cada geração teria de aprender desde cedo, por si só, tudo quanto precisa saber para sua sobrevivência e progresso. Tal estilo seria desastroso e isso teria impedido o nosso primata ancestral de descer das árvores.

O homem alfabetizado herda das gerações precedentes fórmulas, princípios, teorias e técnicas disponíveis para aplicação no mundo de sua própria geração. Mas, se a regra é esta, por que procuramos sempre soluções complicadas para problemas simples ou, ainda mais, pensamos que problemas complexos exigem soluções complexas.

A arte da inutilidade aparece quando alguém toma decisões baseadas em informações incompletas, irrelevantes e falsas. Pior ainda, decide por ouvir dizer. Querer adivinhar o futuro é o anseio do homem, quando devia estudar, pesquisar, analisar, comparar e avaliar o seu conhecimento e quanto falta para se tornar uma pessoa verdadeiramente útil.

Quando vemos alguém se lançar numa "aventura" de criar uma empresa, só porque tem vontade e dinheiro, dá vontade de sentar no chão e chorar. Todos querem pegar o destino pela mão, mas será que isto é possível sem conhecimento de causa? Como alguém pode se lançar num negócio sem a mínima competência, se muitos com conhecimento fracassam?

A inutilidade é um fato consumado, em todos os cantos. Um pensamento inútil é achar que um líder nasce feito ou que o sucesso não pode ser construído. Muitos empreendedores "ralaram" muito antes de chegar ao topo e nem líderes eram ou possuíam carisma. As dificuldades ensinaram estas pessoas a conseguir um negócio que deu certo.

Não há lista de comportamentos e procedimentos a seguir para formatar o sucesso. Porque o que deu certo para um pode não dar certo para outro. Também se constata um comportamento de manada: aonde um vai vão outros. Se as ações estão em queda o apressado manda vender, sem se importar em saber por quê.

O sucesso da Microsoft se deve a Bill Gates que além de conhecer profundamente programação de computador é uma águia em negócios e um craque da cultura universal. Basta dizer que ele aos cinco anos de idade leu a enciclopédia de A até Z e sempre se interessou por tudo, mostrando um conhecimento bastante eclético e interdisciplinar, aproveitando, desde cedo, usar o seu tempo de forma inteligente.

Muitos decoram a si e a sua casa, em função da mídia, quando deviam pensar no bolso e na comodidade. Por que não posso usar uma roupa durante cinco anos? Por que tenho de andar na moda? Se o dinheiro é difícil de ganhar, por que vou jogá-lo pela janela?

Um contingente muito grande de jovens acha que adquirirão conhecimento através da prática e do trabalho. Esquecem o grande ensinamento de Kurt Lewin: "Nada mais prático do que uma boa teoria". Um autor retrata, no livro, não só o conhecimento que adquiriu durante a vida, mas também a experiência que vivenciou.

Não é melhor estudar estes autores antes de cometer erros que podem ser fatais? Não querer estudar ou mesmo ler faz da pessoa um bobo, porque vai "quebrar a cara" na resolução de um problema há séculos resolvido. Uma outra coisa difícil de entender, mas fácil de constatar é alguém achar que suas ideias, produtos ou projetos causarão um impacto arrasador, esquecendo que as pessoas não estão nem aí para o que ele pensa ou faz. Como o mercado é um campo de batalha com uma concorrência predatória é preciso ser criativo o tempo todo, o que é muito difícil.

Ouve-se com frequência as pessoas dizerem que não dão detalhes do seu trabalho e não ensinam o "pulo do gato". O gato de uma pessoa assim já está morto, porque quando ela ensina outra pessoa a fazer o seu trabalho sobra-lhe tempo para pensar que é a atividade mais importante do sistema humano. Se o homem não parasse para refletir ainda estaríamos comendo frutos e raízes no mato.

Então, por que as pessoas não querem pensar, sempre achando que alguém vai pensar por elas? Na verdade, não é qualquer um que sabe pensar, porque esta arte exige disciplina, sistematização e paciência. Num mundo caracterizado pelo imediatismo, muitas pessoas se tornaram mais inúteis ainda.

Grande parte da população está se deixando levar por máquinas, desenvolvidas por poucos para dominar muitos. Lidar com máquinas é uma necessidade na Era da Tecnologia Digital, porém não se envolver com as mesmas é muito difícil, quando estão sempre cobrando produtividade, qualidade e preço baixo. A simbiose homem-máquina é cada vez maior.

O computador é uma excelente ferramenta de trabalho. Por que, então, a maioria o utiliza para navegar na Internet? Com o advento da máquina de calcular ninguém mais sabe fazer conta. O mesmo está acontecendo com os aplicativos que usamos no computador. O usuário é uma extensão da máquina. Ele usa, mas não quer saber como funciona, porque vai perder tempo.

Finalmente, cabe a pergunta: Por que o ser humano faz coisas inúteis? Por puro gosto? A inutilidade é como o sono para o indivíduo, que se não dormir enlouquece. A inutilidade deve ser uma válvula de escape para tanto estresse ou é um fenômeno para quem não sabe administrar o tempo da sua vida?

1.6 Tipos de Tempo

A seguir, os principais tipos de tempo:

Tempo Ajustado: Tempo médio para levar em conta diferenças de habilidade entre pessoas e os fatores que envolvem uma operação.

Tempo Autodirigido: Tempo que representa uma alternativa construtiva para escapar da mesmice, permitindo ao dirigente organizar o seu tempo pessoal, minimizando assim uma parte da pressão que recebe do meio em que trabalha, pelo menos no que se refere à sua área de atuação específica.

Tempo Consumido: Tempo gasto num determinado trabalho.

Tempo Contínuo: Tempo sem interrupções.

Tempo de Amostragem: Tempo onde se calcula o percentual gasto em cada atividade.

Tempo de Armazenamento: Tempo necessário para que um alimento, por exemplo, mantenha suas propriedades organolépticas, sem deterioração.

Tempo de Atendimento: Tempo gasto em toda atividade de contato da empresa com o cliente da qual resulta: uma proposta, um contrato, uma venda, uma propaganda, uma negociação. Forma em que a empresa se relaciona com seus clientes, tendo como conteúdo o serviço propriamente dito.

Tempo de Ciclo: Tempo necessário para a execução de um ciclo operacional de uma empresa.

Tempo de Decisão: Tempo que é a essência do ato de decidir, ou seja, a capacidade de esperar e escolher o momento certo para agir.

Tempo de Entrega: Tempo que decorre da ordem de compra de material até o momento de sua entrega. É preciso observar que o material seja entregue com presteza e em perfeitas condições de utilização.

Tempo de Espera: Tempo que decorre entre o início da produção e seu término.

Tempo de Execução: Tempo necessário para que uma tarefa seja completada.

Tempo de Fabricação: Tempo gasto para completar um lote de peças. Veja tempo de processamento.

Tempo Flexível – Tempo para evitar: coincidência de horário, superposição, saturação, congestionamento, gargalo, absenteísmo, atraso.

Tempo de Mercado: Tempo que uma empresa leva para ir da concepção do produto até a sua entrega ao consumidor final. Porém, alguns autores consideram-no como aquele que vai do lançamento do produto no mercado até a adoção pelos consumidores.

Tempo de Planejamento: Tempo gasto para se montar um plano de negócio.

Tempo de Preparação: Tempo em que o indivíduo obtém informações, habilidades, ferramentas e técnicas que o ajudarão a iniciar um determinado trabalho.

Tempo de Processamento: Tempo de produção durante o qual há um trabalho de transformar materiais em produtos.

Tempo de Projeto: Tempo de análise do sequenciamento das várias etapas de um determinado projeto, onde são observados o caminho crítico (tempo mais curto de execução), a determinação do custo, as datas dos eventos e as janelas de oportunidade.

Tempo de Resposta: Tempo necessário para se obter resultado de uma ação. Em alguns casos, é necessário aguardar anos para melhorar o nível de treinamento do pessoal e introduzir aumentos substanciais no volume de produção ou, enfim, obter resultados concretos por meio de uma campanha de promoção.

Tempo de Trabalho: Tempo gasto em uma determinada atividade (tarefa).

Tempo do Ciclo: Tempo necessário para a execução de um ciclo operacional de uma empresa.

Tempo do Pedido: Tempo em que um pedido de produto é recebido na fábrica e o momento em que este é entregue ao comprador.

Tempo Estatístico: Tempo calculado em função do desvio padrão (curva de Gauss).

Tempo Evento – Tempo relativo a um acontecimento nas propriedades estruturais de um sistema qualquer, dentro de um período de tempo de determinada duração. Um evento pode ser um fusível aberto que interrompe o fornecimento de energia elétrica ou uma festa que dure uma semana.

Tempo Executivo: Tempo necessário para a alocação de recursos e espaços necessários e adequados para que uma atividade possa ter continuidade com segurança.

Tempo Flexível: Tempo para evitar coincidência de horário, superposição, saturação, congestionamento, gargalo, absenteísmo e atraso, por exemplo.

Tempo Histórico: Tempo realmente consumido na execução do trabalho, arquivado para consulta.

Tempo Imposto: Tempo contratado. Mas, nenhuma empresa, por mais rígida, controladora ou burocratizada que seja, tem condições de impor de forma absoluta aos seus funcionários a forma como eles usam o seu tempo. Em outras palavras, o tempo imposto não abrange, necessariamente, a totalidade do espaço temporal.

Tempo de Armazenamento: Tempo de espera e guarda, até que o produto seja movimentado para seu destino.

Tempo Médio: Tempo que representa a média aritmética das medições de tempo de uma série, um processo ou um evento.

Tempo Médio Esperado: Tempo dado pela fórmula: TEM = (A + 4 × M + B) / 6

Onde: TEM = Tempo Médio Esperado; A = Tempo Otimista; M = Tempo Mais Provável; B = Tempo Pessimista

Exemplo: Tempo Otimista = 2 semanas; Tempo Mais Provável = 3 semanas; Tempo Pessimista = 5 semanas;

Tempo Médio Esperado = (2 + 4 × 3 + 5) / 6 = 3,17 semanas = 22 dias

Análise: O tempo médio esperado é utilizado no planejamento de um projeto, programa ou processo, por exemplo, porque a variável tempo determina, preponderantemente, a efetividade da gerência. Se o tempo de recebimento de matéria-prima aumentou, está na hora de procurar outros fornecedores. Os períodos de planejamento, produção, vendas, distribuição, crédito e cobrança devem ser avaliados.

Tempo Não Operacional: Somatório do tempo de espera para reparo, diagnóstico, tratamento, reposição de recursos, tomada de decisão, ações burocráticas, aceitação de padrões.

Tempo Não Produtivo: Tempo em que um equipamento está fora de uso.

Tempo Normal: Tempo que constitui um ciclo operacional.

Tempo Objetivo: Tempo medido pelo relógio, podendo ser subdividido em tempo autodirigido e tempo imposto. Quanto mais o tempo objetivo é imposto menor será a qualidade do nosso tempo subjetivo, e mais intensa a sensação de opressão e a falta de liberdade de optar. Este é um sentimento comum entre as pessoas que se consideram escravas do dever e das obrigações.

Tempo Ocioso: Tempo não produtivo.

Tempo Operacional: Tempo necessário para a execução de um ciclo operacional de uma empresa.

Tempo Otimista: Tempo correspondente ao menor tempo de realização da atividade, supondo-se que ocorram todas as condições favoráveis.

Tempo Padrão: Tempo necessário para ser executada uma operação de acordo com um método estabelecido no laboratório. O tempo padrão pode ser maior ou menor do que o tempo aferido no campo.

Tempo Parado: Tempo improdutivo causado pela falta de pedidos, quebra de máquinas, greve, falta de materiais, má programação etc.

Tempo Pessimista: Tempo correspondente ao tempo de duração da atividade, caso ocorram todas as condições desfavoráveis (exceto as de força maior).

Tempo Predeterminado: Tempo aferido em laboratório e tabelado.

Tempo Produtivo: Tempo plenamente utilizado pela produção.

Tempo Provável: Tempo que a atividade levaria, no caso de esta repetir-se diversas vezes.

Tempo Real: Tempo em que as coisas acontecem.

Tempo Residual: Tempo que igual a diferença de tempo real e tempo previsto.

Tempo Subjetivo: Tempo visto sob a ótica da satisfação. Poucas são as pessoas que param para fazer uma análise do seu tempo subjetivo que é o determinante básico da nossa qualidade de vida.

Tempo Virtual: Tempo em que tudo está em constante mutação.

Capítulo 2

Gerência do Tempo

"Não é a espécie mais forte que sobrevive nem a mais inteligente, mas a que melhor responde às mudanças com o passar do tempo."

Charles Darwin

Objetivos do Capítulo

- Mostrar que a arte de dirigir pessoas envolve a administração do tempo.
- Mostrar que o dirigente precisa aplicar seu tempo de maneira racional e diligente.
- Mostrar que o gerente necessita de certas habilidades para não perder tempo.

2.1 Gerência

A palavra gerência (management) tem sido usada como sinônimo de administração, mas, na verdade, apesar de muitas pesquisas, este termo ainda continua um tanto ambíguo. Cabe à função gerência, a arte de pensar, decidir, agir, fazer acontecer, prover recursos, atingir objetivos estabelecidos e obter resultados positivos. Resultados que podem ser definidos, previstos, analisados e avaliados, mas que têm de ser alcançados por pessoas dentro de uma interação constante.

Segundo Motta, "pode-se tratar a gerência como algo científico, racional, enfatizando as análises e as relações de causa e efeito, para se prever e antecipar ações de forma mais efetiva. Por outro lado, é preciso aceitar a imprevisibilidade, o ilógico, o intuitivo, o emocional, o espontâneo e o irracional. Gerentes não supervisionam rotinas ou lidam com tecnologias específicas. No entanto, sabem o que são e como funcionam".

A arte de pensar e julgar que caracterizam os gerentes exige maior conhecimento. Assim, é recomendado que os mesmos melhorem sua formação intelectual e cultural, aguçando sua mente para inovações, curiosidades e novas perspectivas sobre o futuro. Hoje, essa aquisição de conhecimento é altamente facilitada em função do desenvolvimento da tecnologia da informação.

Para não se perder em meio a uma infinidade de informações, o gerente precisa: ser organizado, sistemático e específico; ter objetivos congruentes; ter uma ação de risco calculado; receber cooperação; saber coordenar e liderar pessoas.

A gerência da empresa atua no nível intermediário da organização. Neste sentido, torna-se imprescindível o conhecimento da natureza humana, já que a empresa é constituída de pessoas que ocupam cargos diferentes em níveis diferentes, realizando tarefas diferentes. Para lidar com tudo isso, o trabalho gerencial se torna muito complexo.

A gerência na empresa é necessária, porque existem atividades que um indivíduo sozinho não consegue realizar. Embora a função gerencial esteja ligada ao nível intermediário da organização, é comum se ler sobre gerências de alto nível, transparecendo que esta palavra gerência está ganhando cada vez mais importância e, via de consequência, galgando o nível estratégico da organização.

A ação gerencial, muitas vezes, é baseada em informações incompletas sobre problemas graves e inéditos. No mundo de hoje, quando se lê relatos de dirigentes, descobre-se que métodos de previsão e planejamento acabam por ser tão valiosos quanto os métodos intuitivos e criativos. As novas habilidades gerenciais têm de ser desenvolvidas dentro de uma perspectiva de simplicidade, com base tanto na arte do julgamento quanto no conhecimento dos fatos.

Toda vez que você estiver diante de uma crise pergunte: O que poderá ser feito para que esta não se repita? Lembre-se de que bombeiros que estão constantemente ocupados em debelar incêndios não têm tempo e nem disposição para fazer um trabalho de prevenção. Prevenir é mais fácil e mais barato que remediar, embora muitos executivos paguem preços muito altos pelas crises que geram.

A crença na imprevisibilidade dos acontecimentos numa empresa está ligada ao falso pragmatismo de querer resolver logo um problema em vez de "perder" tempo e pensar como este poderá ser evitado no futuro. Situações problemáticas, entretanto, exigem uma atuação em duas frentes simultâneas: enfrentar e resolver a crise da melhor maneira possível e, ao mesmo tempo, tomar medidas preventivas para evitá-la no futuro, atuando sobre suas causas. É como diz o ditado popular: Prevenir é melhor do que remediar.

A gerência é o exercício de uma atividade que exige mais de uma pessoa para exercê-la, existe em função de um objetivo comum, requer uma ação calculada e racional dos recursos, necessita de cooperação e coordenação entre indivíduos, para evitar superposição ou oposição em suas ações. Você poderá ser gerente de você mesmo, mas não estará exercendo em toda sua plenitude a liderança de uma gerência, pois nesta cabem outras pessoas para poder acontecer.

2.2 Faltas Relativas ao Tempo

A seguir, abordaremos alguns elementos que faltam para mais bem administrar o tempo. É importante acrescentar que muitas são as faltas que interferem no bom uso do tempo. A falta é sinônimo de ausência.

Assessoria – Atividade auxiliar do executivo que inclui o provimento de informações pertinentes e relevantes, por meio da pesquisa, análise, previsão e avaliação. Assessoria está fora da estrutura básica de linha, da qual é auxiliar. Assessoria pode fazer qualquer coisa, menos comandar. Mas, por outro lado, alivia o executivo de tarefas secundárias, sobrando mais tempo para pensar.

Embora organizações vivam a Era da Informação, onde a tecnologia da informação deu saltos espetaculares, proporcionando a dirigentes canais de informação conectados a tudo e a todos (Economia de Rede), a figura do assessor aparece como aquele especialista a ser consultado para embasar a ação administrativa.

A natureza básica da assessoria como uma relação de aconselhamento caracteriza perfeitamente a ausência de autoridade da mesma. As atividades de assessoria incluem o provimento de informações pertinentes e relevantes, relatórios, planos, pesquisas, análises, previsões, avaliações de desempenho. O trabalho dos assessores, delegado por alguém superior, pode ser discutido com base nas funções administrativas que eles ajudam a desempenhar.

Automação – Automação significa a transferência de atividades de controle, regulagem e correção de processos feitos pelo ser humano para equipamentos cibernéticos. As máquinas automáticas são capazes de realizar uma sequência de operações até certo ponto semelhantes aos processos mentais humanos, podendo ainda corrigir erros que ocorram no curso de suas operações, seguindo critérios preestabelecidos. Equipamentos automatizados podem cuidar das funções de observação, memorização e decisão.

John Diebold, diz que "automação é um meio de análise de organização e de controle de processos de produção, tendo em vista a melhor utilização possível de recursos". A velocidade da transformação do setor da informática, face aos custos decrescentes e pela confluência com as telecomunicações, assume a responsabilidade de uma mudança na estrutura da economia. A máquina simula parte do mecanismo de pensar do homem, lida com linguagens próximas do homem, gerencia outra máquina.

As principais consequências da automação são: maior volume de produção, diminuição de custos, melhor qualidade dos produtos, maior produtividade, mais aproveitamento do tempo, necessidade de um grau mais elevado de formação profissional, intelectual e cultural.

Conhecimento – Conhecimento é o ato, ou processo, pelo qual o sujeito se coloca no mundo e, com ele, estabelece uma relação. Como entendimento do mundo, o conhecimento não é, pois, um enfeite ou uma ilustração da mente e da memória, mas um mecanismo fundamental para tornar a vida mais desejável e mais plenamente realizada, pois só tem seu sentido pleno na sua relação com a realidade.

Sem o conhecimento de métodos, de técnicas e da racionalização de recursos você será pego no contrapé. O conhecimento capacita o indivíduo a: ter novas ideias; criar leis, princípios; fazer abstrações. Só quem possui conhecimento tem o poder da análise, maior ferramenta na solução de problemas. Vai daí, menor tempo e esforço. Aquele que possui conhecimento decompõe problemas, identifica suas variáveis básicas, estabelece relações de causa e efeito e cruza informações na busca de novos caminhos, objetivos e alternativas.

Coordenação – A coordenação é como essência da arte de administrar, pois a realização da harmonia do esforço individual no sentido da obtenção dos objetivos de grupo é um dos propósitos do administrador. A melhor coordenação ocorre quando os indivíduos veem de que forma seus trabalhos contribuem para os objetivos dominantes da empresa.

A falta de coordenação entre os vários processos comuns de uma organização acaba duplicando um número enorme de atividades. A mesma informação é computada repetidas vezes e em diferentes sistemas, os mesmos formulários são preenchidos e expedidos incontáveis vezes, as mesmas inspeções e certificações se repetem. No momento em que todas essas atividades e dados passam de uma empresa para outra, é comum a ocorrência de erros, inconsistências e confusões, o que só aumenta o volume de trabalho e perda de tempo.

Delegação – A delegação é uma das funções mais eficazes para a administração adequada do tempo, pois implica o crescimento pessoal e profissional de quem delega e de quem recebe a delegação, que é a transferência de determinado nível de autoridade de um chefe para seu subordinado, criando a correspondente responsabilidade pela execução da tarefa delegada. Delegar é transferir, para outros órgãos, atribuições especificas de um órgão maior ou central, objetivando aliviá-lo da carga de trabalho. Mas planejar e decidir o que deve ser delegado é difícil.

Tal prática permite liberar sua mente de detalhes que podem atrapalhar sua visão geral das condições de trabalho e descobrir quem pode ser confiável para se encarregar de determinadas tarefas. Isto será útil, tanto no caso de fazer planos como no de tomar decisões. Pessoas que não sabem delegar alegam falta de tempo para controlar e avaliar o desempenho de outros.

A chave é delegar pelos resultados que você espera. A inclinação humana normal, porém, é delegar por atividades ou competências. Pedir a uma pessoa que faça certas coisas e apresentar uma lista de deveres, que você deseja sejam cumpridos por ela, é uma técnica bastante simples. Mas como conferir resultados?

Disciplina – Disciplina é um processo, ou forma de pensar, que ajuda o ser humano a desenvolver autocontrole, tornando-se alguém mais efetivo. A disciplina, em geral, é vista de forma pejorativa e está associada a recompensas e punições (sanções). Na realidade a disciplina é uma habilidade do administrador que o ajuda a analisar situações (problemas) e determinar qual decisão (solução) tomar.

Todos os dirigentes devem estar preparados para lidar com situações desagradáveis. Esta fase do trabalho é conhecida como ação disciplinar, que é uma ação corretiva do comportamento de uma pessoa ou de um grupo. Independentemente do nível de responsabilidade do dirigente, este pode adotar medida disciplinar para infrações sérias e/ou repetitivas, como: não obedecer a programas, políticas e procedimentos; não cooperar, utilizando letargia, negligência e mau exemplo; revelar informações confidenciais; promover insubordinação.

A disciplina virá à medida que o dirigente der atenção aos seguintes princípios:

- Administrador deve estar voltado para resultados.
- Prioridade quer dizer importância.
- Assessoria precisa ser total, evitando a síndrome do insubstituível.
- Conhecimento das funções administrativas dará uma grande disciplina para o dirigente.

Estratégia – Estratégia é o caminho (meio) para uma organização, ou alguém, alcançar, preferencial e diferentemente, os objetivos e desafios em um ambiente mutável, cambiante, complexo e altamente competitivo. A expressão estratégia do grego "strategos" (general) é de origem militar e significa a arte de conceber e organizar um plano de operações de guerra, estando ou não no teatro de operações.

Uma boa estratégia pressupõe vontade de determinar metas ambiciosas, mobilizar recursos necessários, executar um plano (ou programa) no longo prazo, definir um conjunto de táticas, ser a resultante de uma (ou várias) decisão muito bem elaborada, envidar esforços para antecipar demanda de um ou mais produtos e adequar a estrutura organizacional da empresa a nova estratégia.

Desde a sua origem, aproximadamente, há 500 a.C., o conceito de estratégia sempre esteve associado à visão militar, pois era a arte do generalato. Entretanto, ela só passou a ser utilizada como arte escrita e transmitida após a Renascença. Ao longo dos anos, através de diversos estudos, foi-se criando uma técnica de elaborar planos de guerra que passou a ser denominada estratégia. Esses estudos, que passaram por Maquiavel, tiveram seu ápice no general Von Clausewitz.

Experiência – Experiência é um conjunto de práticas, exercidas no passado, que ajudam a aumentar o conhecimento de uma pessoa. Aproveitar as experiências do passado, tanto os erros quanto os acertos, para viver o presente e planejar o futuro constitui os ingredientes básicos de uma vida de plenitude, crescimento pessoal e profissional e de autorrealização.

Um dos instrumentos mais importantes disponíveis para projetistas é o aprendizado por imitação e a identificação com modelos existentes no mercado. Há uma ideia generalizada de que a solução de problemas gira em torno de "ensaio e erro". Conhecer modelos existentes e testados por outros é fundamental para desenvolver um projeto. Reflita sobre as suas prioridades, pergunte sobre seus planos para transformar seus desejos em realidade e pense nas opções que existem para realizá-los.

Flexibilidade – Flexibilidade é qualidade para aceitar novidades para processos e métodos de trabalho; Estar aberto para novas ideias relativas às funções administrativas e organizacionais. A flexibilidade é necessária não só em função das grandes transformações do mundo, mas, principalmente, porque essas mudanças se acentuarão em escopo, espaço, tempo, velocidade e complexidade.

Segundo Paulo R. Motta, "ideias de se analisar e projetar a organização tem girado em torno de temas às vezes ambíguos e fluidos, como conhecimento, inovação, intuição, percepção e criatividade, mas por isso mesmo capazes de retratar mais fielmente a verdadeira natureza da moderna organização".

A busca de novos modelos de flexibilidade organizacional significou vencer as barreiras impostas pelas concepções rígidas de estrutura que prevaleciam tanto na teoria quanto na prática administrativa. Uma estrutura organizacional flexível enfatiza a comunicação horizontal, a descentralização das decisões, a delegação de autoridade, a utilização intensa da coordenação (poucas regras, políticas e procedimentos) e uma grande economia de tempo.

Habilidade – Habilidade é a qualidade que tem um indivíduo de executar uma determinada tarefa. O sucesso do gerente não está inteiramente correlacionado ao seu brilhantismo acadêmico. Assim, são necessárias certas habilidades que darão ao mesmo uma eficiência executiva e, obviamente, um ganho de tempo em suas atividades.

O gerente precisa desenvolver a capacidade de interferir intencionalmente nos processos, nos objetivos e nos valores, que regem a filosofia e a política da empresa. Alterar táticas de ação, aprender sobre si próprio, sobre sua função e sobre as condições operacionais da organização.

Uma habilidade muito importante para o gerente consiste no conhecimento da arte da negociação, onde ele deve encontrar meios para alterar ou dirigir o comportamento da outra parte. Para tal será preciso persuadir, interessar, motivar, dissuadir ou atemorizar.

Informação – A informação é vital para se viver o presente e planejar o futuro. A receita de sucesso é ter a informação adequada. A falta da mesma é um dos causadores de problemas, tendo em vista que aumenta, a cada ano, o número de profissionais desinformados a respeito da empresa em que trabalham.

Informação é noção, ideia ou mensagem contida num determinado meio. É sempre incorpórea, por isso é definida como matéria-prima abstrata. Também pode ser considerada como um conjunto de dados com um significado que reduz a incerteza a respeito de algo ou aumenta seu conhecimento.

A informação é indispensável ao administrador para ele atingir objetivos, metas, descobrir e definir problemas. É através da informação que avaliamos desempenhos e desenvolvemos procedimentos adequados. Os pedidos recebidos num almoxarifado são dados. Notas fiscais e faturas são informações.

Sun Tzu, em seu livro *A Arte da Guerra*, Século IV a.C., escreveu "A informação faz parte da essência da arte da guerra e é dela que os exércitos dependem para se movimentarem. Os comandantes conseguem vitórias, em função das informações corretas, relevantes e colocadas no tempo certo".

É ingenuidade, do mais alto grau, supor que se as pessoas tiverem muitas informações sobre os problemas elas compreenderão os fatos e haverá mais soluções. A informação tem um valor que pode ser analisado quando temos respostas às seguintes perguntas:

- Qual a novidade da informação?
- A nova informação afetará políticas estabelecidas?
- A nova informação trará benefícios para a empresa?
- A informação é comprovadamente verdadeira?
- Quem está comunicando a nova informação?
- Existem interesses embutidos?
- A nova informação está associada ao seu uso (custo/benefício)?
- A informação contém pré-julgamento?
- A informação pode ter um caráter particular, em função do comunicador?

Liderança – Liderança é a capacidade (posição ou carisma) de alguém de influenciar outra pessoa ou grupo no sentido de alcançar determinado propósito. A liderança pode ser definida, em termos de uma pluralidade de funções desempenhadas pelo indivíduo ou grupo. É importante que seja dito que um indivíduo pode liderar um grupo por longo tempo, mas não por todo o tempo.

Muitas das vezes, a situação configura um líder. Normalmente a liderança é fruto de um processo de comunicação que ajuda a mudar o comportamento da pessoa. O liderado tem fé e respeito pelo líder. Não é um simples subordinado que recebe ordens. Ele confia e tem orgulho de seu líder.

O fenômeno liderança é muito estudado, porque é relevante para a função administrativa direção, em todos os níveis hierárquicos da organização. Um bom dirigente deve ser um líder, mas nem sempre a recíproca é verdadeira. Uma espécie de capital que será maior ou menor se souber ser um líder. Mas, é bom que se diga que muitos dirigentes exercem pouca ou nenhuma liderança, porque os subordinados, premidos pela necessidade do emprego (trabalho), se submetem às suas ordens.

Manual – O manual é um documento com a finalidade de uniformizar processos, atividades, tarefas e rotinas que devem ser observados pelas pessoas, sendo, portanto, um ótimo instrumento de racionalização e otimização dos recursos de uma empresa. Ajuda a aperfeiçoar a comunicação e a interação entre os diversos subsistemas da organização, quando é elaborado com base na cultura organizacional existente. O manual é uma coleção integrada, sistematizada e classificada de documentos de modo que se torne um instrumento de consulta e referência.

A construção de um manual é feita de diversas partes relativas a: propósito da empresa (missão), filosofia, objetivos, estrutura organizacional, procedimentos, políticas, programas, estratégias, regulamentos, instruções, rotinas, competências, responsabilidades, regimentos, quadro de pessoal, níveis hierárquicos, funções organizacionais, funções administrativas, canais de comunicação, canais de distribuição, sistemas de informação, tecnologias, padrões de qualidade, simbologia, terminologia, códigos, senhas, siglas, padrões de correspondências, análises, formulários, arranjos físicos, questionários de pesquisa, distribuição do trabalho, sistemas de segurança, suprimentos, recrutamento, seleção, treinamento...

Complementam um manual: figuras, desenhos, tabelas, planilhas, fluxogramas, diagramas e gráficos, por exemplo. Os manuais são ferramentas, de relativa duração, reunidas dentro de um contexto, de fácil identificação, classificação, codificação e endereçamento, para que sirva de obra de referência, estando a sua utilidade na razão direta de sua flexibilidade e rapidez em se adaptar às mudanças ambientais.

Portanto, o manual não é eterno, sofrendo modificações, a fim de que seja: útil, necessário e suficiente. Para tal deve estar, permanentemente, submetido à análise, à crítica e à avaliação não só por parte de seus construtores, como também por seus usuários.

Via de regra, as grandes empresas possuem diversos tipos de manual, como o de: administração de pessoal, suprimento, finanças, contabilidade, comercialização, serviços, patrimônio, segurança, entre outros, cada um dos quais com seus objetivos e conteúdos, distribuídos de acordo com o interesse da empresa.

Método – Método é um procedimento, em geral, para tratar de encontrar, analisar ou resolver um problema, de maneira sistemática, com um mínimo de esforço, custo e tempo. O método é o conjunto de atividades sistemáticas e racionais que, com maior segurança e economia, permite alcançar um objetivo, um conhecimento válido, traçando um caminho e detectando erros, sendo capaz de gerar um produto ou um estado desejado.

Porém, é importante estender o assunto, observando que um método é primordial para encontrar a solução de um problema, pois se baseia na tradição da investigação independente. O estímulo para a investigação decorre da experiência individual ou da familiaridade com a área do problema.

A utilização do método não é de uso exclusivo da ciência. Mas não há ciência sem o emprego de métodos. Quando lemos os autores, encontramos diversos conceitos de método. Destes conceitos retiramos as seguintes palavras: segurança, economia, regra, certeza, resposta, eficiência, eficácia, efetividade, produtividade, caminho, ordem, racionalidade, repetição, resultado e solução.

Não basta dominar os métodos de uma ciência, pois eles somente são úteis quando conhecemos o enunciado do problema para dar solução. A grande dificuldade com que nos deparamos é que, na maioria esmagadora dos casos, nossos problemas não estão bem enunciados. Além disso, é preciso reconhecê-los e, para tal, é preciso mais do que métodos. A própria avaliação de desempenho, para ter caráter científico, se fundamenta em um método.

Os elementos que dão suporte ao método são: ciência, juízo, raciocínio, filosofia, conhecimento, modo de pensar, fato, lei, teoria, lógica, intuição, ideia, princípio, premissa, regra, fenômeno, técnica, leitura, por exemplo.

Modelo – Modelo é qualquer representação simplificada de um processo e/ou uma realidade em seu todo ou em partes. Uma abstração de uma realidade, de uma situação ou de uma solução, ajudando a economizar tempo e dinheiro. Expressão de um raciocínio, de um encaminhamento lógico que parte dos dados de base, que são o resultado da observação da realidade, para a escolha de uma solução que possibilite uma ação. Pelo modelo verifica-se a interligação entre informação, processo e decisão.

O desenvolvimento de um modelo é fundamental, porque ele é um pré-requisito para a análise de valor da informação e porque é a chave para se compreender que partes do processo podem ser apoiadas por sistemas automatizados.

Os modelos ajudam a economizar tempo e dinheiro. Munidas dessas ferramentas as pessoas correm menos riscos, tendo em vista que a construção das mesmas se aplica, principalmente, a tomada de decisão, resolução de problemas e avaliação de desempenho. A utilização de modelos permite ao ser humano errar menos, poupar tempo e recursos, eliminar testes de campo, porque podem substituir referidos testes por simulações em laboratório, utilizando o computador como ferramenta.

Motivação – Motivação é o ato de estimular alguém a agir da maneira que se deseja ou fazer com que um indivíduo desenvolva uma atividade que lhe dê satisfação. O êxito do administrador depende de muitos fatores, mas o mais importante é, sem dúvida, o grande talento para motivar pessoas. A motivação inclui uma grande quantidade de propósitos possíveis e uma ramificação de motivos abstratos e concretos. A motivação estuda todas as técnicas de interação humana.

A motivação pode ser definida como um conjunto de variáveis que leva uma pessoa a agir com rapidez para a consecução de um objetivo. Resumidamente, a motivação é o ato de encorajar os subordinados à realização de tarefas, satisfazendo suas necessidades ou apelando para elas, além de permitir participação e incentivar a criatividade e a iniciativa, premiando a inteligência e a cooperação, além de aplicar justiça.

A falta de motivação decorre, em grande parte, de todo um processo cultural que vincula o sucesso do ***ter*** mais do que a capacidade do ***ser***. Um segundo ponto se relaciona à forma como os indivíduos conduzem suas vidas com base nos acontecimentos do tempo passado, porque não sabem ler o futuro.

Objetividade – Objetividade é a capacidade que têm certas pessoas de não se perderem em meandros e ir ao âmago do assunto, de maneira concisa, parece fácil, mas não é. Em geral, o ser humano dá mais valor as discussões do que chegar a um objetivo.

A divagação é muito apreciada, porque abandonar preconceitos e opiniões formados é penoso. É muito comum julgarmo-nos capazes de discutir um assunto qualquer, sem nos darmos ao trabalho de estudá-lo com cuidado. Apostamos facilmente em sentimento, intuição e sorte, sem saber o que realmente são estas palavras. É que estes fatores encobrem a preguiça de pesquisar.

Por outro lado, o homem objetivo, em geral, não é simpático porque parece uma máquina, porque ele é uma pessoa capaz de ver as coisas como são, com todas as riquezas, deficiências, dificuldades e potencialidades, sem perder os pés do chão. Ele é aquele ente raro que vive mais e mais intensamente porque é econômico em relação ao que realmente importa e que por isto, tende a fazer as coisas se somarem e terem um sentido de bom e de racional.

A objetividade requer das pessoas uma quantidade muito fácil de ser dita e muito difícil de ser praticada, uma humildade que nos dá a capacidade de ver as pessoas e as coisas como são realmente e não como gostaríamos que fossem, ou imaginamos como deveriam ser, e nos dá, também, a força necessária para agirmos em conformidade.

O papel da objetividade é decisivo para qualquer um. Vão bem as empresas que tenham pelo menos um diretor objetivo. O homem objetivo sabe aonde quer chegar e é capaz de, durante uma reunião, negociar e debater, não esquecendo o assunto em pauta.

Objetivo – Objetivo é a situação ou resultado que se pretende atingir. Ele determina a direção e o sentido para onde se deve concentrar esforços e recursos de toda a sorte. Os objetivos indicam a missão precípua da organização, isto é, aquilo para a qual foi criada e, na verdade, até sua existência. Também servem como padrões, através dos quais os membros de uma organização podem avaliá-la.

Os objetivos são importantes porque identificam os primeiros passos do planejamento. Se estes são vagos e indefinidos, como planejar? Objetivos mal definidos levam a organização ao fracasso. Em muitas empresas, se você pedir a alguns executivos que descrevam os seus principais objetivos, tem-se um número elevado de respostas confusas e conflitantes que podem criar uma série de problemas para a organização, como o desperdício de: dinheiro, horas de trabalho e recursos.

Planejamento – Planejamento é uma função administrativa que capacita a empresa a decidir qual é o melhor uso de seus recursos para atingir objetivos propostos. Se os recursos empresariais são insuficientes, cabe ao administrador planejar e apontar as necessidades. É a primeira e a mais importante função administrativa por ser ela a base para as demais funções. Planejar significa determinar:

- O que precisa ser feito e que se espera.
- Por quem e quando cumprir atribuições.
- Como, quanto e quando assumir responsabilidades.

O processo de planejamento envolve uma análise completa das potencialidades, oportunidades, fragilidades e limitações, no que diz respeito a: ambiente, recurso, objetivo, produto, processo, mercado e público-alvo. O planejamento não diz respeito a decisões futuras, mas às implicações futuras de decisões presentes. Planejar é desenvolver planos.

No planejamento o leitor deve: definir objetivos; preparar programas, estratégias, políticas, estruturas, procedimentos e planos; desenvolver sistemas de informação e comunicação; adotar padrões de qualidade; dimensionar recursos para que as demais funções administrativas sejam exercidas com efetividade.

Plano – Plano é o curso de ação, onde se estabelece quem fará o que, onde, como e por que para atingir objetivos. Todo e qualquer plano é retratado formalmente através de um documento. Se não for escrito não é plano. Um plano é como um mapa, ele mostra à empresa, por exemplo, como ela deve se conduzir, aonde ela deve ir e como chegar lá.

O plano (produto do planejamento) é um curso de ação, onde se estabelece quem fará o que, onde, como e por que atingir objetivos. Todo e qualquer plano é retratado, formalmente, através de um documento. Se não for escrito não é plano.

O plano disciplina a pessoa a colocar suas ideias, recursos, métodos e decisões de uma maneira lógica, racional e inteligente, levando a mesma a não perder tempo, como também a agir de maneira lógica, que pode ser seguida por outros. Haverá problemas com um plano, se ideias, condições, recursos, métodos e objetivos não forem dispostos de maneira lógica, para poder ser seguido por outros.

Um plano pode ajudar muito, porque tem uma estrutura formal e assim, além de ser escrito, proporciona condições para uma decisão cuidadosa, disciplina o pensamento, define claramente os objetivos, explicita responsabilidades de execução, enfatiza fatores chaves para o sucesso, analisa mais cuidadosamente as condições de um negócio, proporciona detalhes mais bem pensados, fornece um mínimo de coordenação, enfatiza as oportunidades e ameaças, ajuda a construir uma orientação da empresa para o mercado.

Política – Política é um padrão de ação que facilita a tomada de decisão para situações parecidas, aumentando o poder de comparação e avaliação do gerente. Uma política bem traçada ajuda a se cometer menos erros. Conduta preestabelecida para problemas recorrentes. Uma política rege o trabalho a ser feito. Seu propósito é guiar a ação para os objetivos pretendidos, mas não são objetivos em si mesmo.

As políticas proporcionam um padrão de decisão para problemas recorrentes de natureza semelhante. São orientações para a ação que facilitam a tomada de decisão. Uma política rege, mas não faz o trabalho. Seu propósito é guiar a ação para os objetivos pretendidos, mas não são objetivos em si mesmo. A função de uma política é aumentar as chances de os dirigentes, gerentes e funcionários fazerem escolhas semelhantes ao enfrentarem, independentemente, situações similares.

Elas são guias de raciocínio planejadas para tomadas de decisões repetitivas. Quando não existem políticas, já se sabe qual é o resultado: Cada cabeça uma sentença. A cada dia um caminho diferente. Pode-se operar uma organização bastante descentralizada, utilizando-se políticas sólidas e bem compreendidas. Uma organização, que tenha políticas bem definidas, utilizará seu tempo inteligentemente, tendo parâmetros que serão as bases de sustentação do planejamento estratégico.

Prática – Prática é a maneira de agir que evolui à medida que mais trabalhamos o objeto de estudo. O motivo de ser prático é que gera resultados imediatos.

A prática administrativa, por exemplo, é tão velha quanto a sociedade humana. A história do homem está repleta de evidências de atividade organizada. Na realidade, a prática da administração como todas as outras artes se utilizam de conhecimento organizado. Assim, a prática deve projetar uma solução que será alcançada pelo trabalho, isto é, atingir resultados desejados.

Como teoria sem prática constitui especulação inútil, a prática sem a teoria é intransmissível. O homem de negócios que não possui uma base científica poderá, dentro de certos limites, ser um praticante mais hábil do que um cientista, mas terá de pagar, algum dia, o preço da estagnação.

Mas, por que são tão poucas as pessoas que se interessam pela teoria? Um dos motivos é que a prática (execução) mostra, geralmente, resultados de curtíssimo prazo. A falta de prática leva o executivo a cometer erros pela falta de vivência sobre determinado campo de conhecimento.

Procedimento – Procedimento é uma série de passos lógicos, através dos quais todas as ações repetitivas numa empresa são iniciadas, executadas, controladas e finalizadas. Pode ser um conjunto de rotinas padronizadas para permitir a perfeita e ordenada execução de uma operação. Um procedimento define que ação é requerida, quem a executa (pessoa ou máquina), quando a ação deve ter lugar (cronologia e implementação) e como é executada (método).

Procedimento é como fazer, isto é, se a despesa será paga em cheque ou dinheiro. O papel mais importante do procedimento é servir de canal transportador dos dados até o ponto de processamento dos mesmos. Os procedimentos permitem a execução de ciclos completos de ação.

Assim, como a política é um guia para pensar e decidir, um procedimento é um guia para fazer. Como exemplo, pode-se citar: a decisão de pagar uma despesa. O procedimento é como a despesa será paga, se em cheque ou dinheiro. Já a política é a de pagar somente no último dia do vencimento.

É importante observar a existência de pessoas que aprofundam demais os procedimentos. Acabam se perdendo num cipoal de informações e acabam por identificar e manipular árvores, sem compreender a floresta. Outras tentam agir sobre o mesmo fenômeno como se fossem coisas completamente diferentes. Pior, pretendem subordinar todos os procedimentos ao computador.

Um Manual de Procedimentos estabelece conjuntos de atribuições que orientam as ações de pessoas, como um programa de computador estabelece procedimentos de processamento. Nem sempre tal visão é percebida.

Processo – Processo é um conjunto de etapas sequenciais que apresenta mudança ao longo do tempo, tendo certa continuidade. É dinâmico, cíclico e sistêmico (cada etapa afeta as demais). Pode ser o detalhamento de como fazer. Praticamente, todo e qualquer trabalho é visto como um processo.

O tempo de duração do processo é importante, devido à necessidade de se gastar o menor tempo possível, tendo em vista que o tempo, embora seja intangível, ele é muito importante sob o aspecto da efetividade.

Mesmo que se faça uma atividade de diferentes maneiras, é básico que se siga um processo já estabelecido anteriormente ou que seja fruto de um ato empírico, constituindo-se, em ambos os casos, num padrão momentâneo. Então este processo é antigo, porque sempre foi assim.

O processo está relacionado com as decisões, atividades, estratégias, táticas, políticas, restrições, oportunidades, controles, planos. O processo de produção, por exemplo, será avaliado, em função das técnicas e práticas operacionais de fabricação. Não há nenhuma maneira universalmente correta de elabora um processo, qualquer que seja.

O passo é a parte elementar do processo. Dificilmente, se encontram trabalho de apenas um passo. Heráclito destacou a importância do conceito de processo ao declarar: "um homem não cruza, mais de uma vez, um mesmo rio utilizando determinado processo".

Na prática, dificilmente se encontram trabalhos formados por um só passo. Pode-se dizer que cada trabalho seja constituído por uma sequência de passos, mais ou menos, numerosa. O processo mostra em detalhes como fazer uma operação, atividade ou tarefa. Ele apresenta contínua mudança no tempo. É bom observar que na definição de passo e de processo não é importante buscar uma cronologia

Programa – Programa é um conjunto de atividades sequenciais limitadas no tempo, em ordem de prioridade, estabelecidas para atingir objetivos. Muitos autores acreditam que um programa pode ser uma reunião de projetos homogêneos, isto é, programas que tenham objetivos congruentes. Esta é uma visão macroeconômica.

Programa é um documento que ajuda a orientar e coordenar as atividades. É uma reunião de projetos homogêneos, isto é, projetos que tenham objetivos congruentes. A ordem de prioridade dos itens de um programa não precisa, a priori, estar rigorosamente em ordem cronológica, porque à medida que o programa avança muitos itens são excluídos, mudam de posição e outros são inseridos. É comum descobrir-se nova ordem de prioridade.

Programas sofrem mudanças de acordo com as contingências a serem enfrentadas e das dificuldades com recursos apropriados. Ele é novamente editado. Os programas serão grandes ou pequenos, gerais ou detalhados, curtos ou longos, tendo em vista objetivos e recursos.

Embora tenha sido dito que a ordem dos eventos não tenha uma grande importância, é bom que o administrador trabalhe com uma cronologia, a mais próxima da realidade possível, pois, senão for assim, haverá muito retrabalho, causando evidente perda de tempo em reprogramar uma atividade. Por isso, vale a pena elaborar um programa com mais cuidado.

Programação – Programação é como uma técnica que deve ter uma hierarquização, partindo das operações primárias e simples, logo implantáveis, para aquelas mais elevadas e complexas. Devem ter um seguimento lógico e um entrosamento técnico-administrativo.

Assim, a programação deve ser feita de forma meticulosa, prevendo os meios tangíveis e os intangíveis, bem como todos os recursos. Os prazos para a execução devem ser previamente fixados, em cronogramas, incluindo-se todas as tarefas ou fases de implantação e seus respectivos desdobramentos.

O tempo deve ser considerado um aliado e não um inimigo do homem. Assim, qualquer uso efetivo do tempo tem de começar com um programa. É muito comum o executivo considerar anotações na sua agenda de trabalho como administração do tempo, confundindo esta tarefa com programação diária.

Executivos eficazes costumam programar 70% a 80% do seu dia. Duas razões justificam tal medida. A primeira é que constitui missão impossível programar 100% do dia (acaba sempre sendo fonte de frustração). A segunda é que o inesperado pode ser muito mais importante e, portanto, você deve ter um "espaço" reservado na agenda de trabalho.

Para quanto tempo convém fazer uma programação do trabalho? A resposta, naturalmente, é que depende do que há a fazer. Como regra geral, os autores acham que uma semana é o máximo para uma programação de agenda.

Uma tarefa é interrompida porque a pessoa enjoou dela, e mais facilmente enjoa quem trabalha sem método, disciplina e programação. Enrola-se, não sabe mais direito onde está. Deixa pra uma horinha melhor, vai fazer outra coisa. Quando volta, já esqueceu os passos dados anteriormente, tem de recapitular tudo, quase como se pegasse o trabalho pela primeira vez.

Anotar ajuda muito a não se perder, principalmente quando você tem de parar uma tarefa, à espera, por exemplo, de aprovação ou providência alheia. Ou, em meio de um trabalho, vê abertura ou necessidade de outra pessoa. Anotar na agenda o assunto, riscar o que já foi feito, remanejar aquilo que ficou pendente para um outro dia, sem exageros. A agenda também serve para anotar ideias.

Racionalidade – Racionalidade se fundamenta na ideia de que uma organização existe e se justifica para atingir objetivos, metas, propósitos e desafios. O ideal racional presume a impossibilidade de existir o "urgente" e a possibilidade de dizer "não". Infelizmente muitas pessoas sofrem da mania do urgente o que leva você parar o que está fazendo para atender um pedido da chefia. Por outro lado, evite o abuso do urgente para com os outros. O tempo deles é tão precioso quanto o seu.

Dentre as técnicas de racionalidade do tempo, a mais rápida e simples é o uso adequado do não. Fixar prioridades e antecipar as necessidades, a fim de evitar que tudo seja urgente e controlar a pressa e as preocupações também deve ser considerado. Muitos chefes, infelizmente, esquecem-se de que o subordinado não trabalha para ele, mas sim para a empresa, mesmo que este chefe seja o dono. A empresa é mais importante do que o empresário, fato desconhecido da maioria.

Existe um tabu em torno da palavra não. Por ser considerada como algo desagradável, nossa tendência é substituir o não pelo talvez, quem sabe, vamos ver, volte amanhã. Com isso desperdiçamos o nosso tempo e o tempo dos outros, além de se criar falsas expectativas. Ninguém terá condições de respeitar as suas próprias prioridades se não for capaz de dizer não com tato e firmeza a situações ou pedidos que geram dificuldades, mal-estar, atrasos, interrupções e outros desperdiçadores crônicos de tempo.

Racionalização – Racionalização é o esforço que se faz no sentido de dar um tratamento científico a uma determinada tarefa. Processo mental básico, presente em todas as fases da organização, constituindo o seu principal instrumento. Segundo alguns autores, a palavra racionalização é empregada para substituir a expressão "organização científica do trabalho".

Desde as épocas mais remotas existiu a organização como atividade contínua e permanente, dado que o homem sempre procurou racionalizar, aperfeiçoar e simplificar suas ações para conseguir maior rendimento ou o máximo de bem-estar com o mínimo de esforço.

Todo esforço que se faz para eliminar a ineficiência é considerado racionalização. Hoje, o caminho da produtividade passa pela racionalização. Infelizmente, as ações desastrosas, ineficientes e mal orientadas não se apresentam de imediato.

Há, como sempre houve, homens excepcionais que sabem aproveitar as suas energias físicas e mentais, a sua inteligência, o tempo, os materiais, enfim, os recursos que lhes estão ao alcance, e com isso se tornam eficientes, produzindo muito e desperdiçando pouco. Infelizmente, porém, é maior o número das pessoas pouco eficientes que gastam muito e desperdiçam muito, produzindo pouco.

Recurso – Recurso é o meio auxiliar que permite à organização a consecução de seus objetivos. A empresa para se tornar produtiva dependerá de recursos. Se você tem os recursos adequados dificilmente não será efetivo, isto é, não perderá tempo para atingir objetivos com eficiência e eficácia.

A organização procura dispor de recursos de tal forma que o conjunto, assim empregado, seja capaz de realizar uma atividade econômica ou um trabalho, com um mínimo de risco, esforço e custo. Uma empresa é uma organização de finalidade econômica. Utiliza e elabora recursos (meios, métodos ou instrumentos) para facilitar o seu desenvolvimento e o seu rendimento, assegurando-lhe as melhores condições operacionais.

Os recursos podem ser contratados, comprados e incorporados à empresa ou adquiridos sob a forma de empréstimo, aluguel, arrendamento ou leasing. De modo geral, os recursos empresariais podem ser classificados em:

- Recursos Físicos (imóveis, máquinas, equipamentos, instalações, materiais).
- Recursos Financeiros (capital próprio, crédito, financiamento, receita com vendas, investimentos de terceiros, empréstimos).
- Recursos Humanos (mão-de-obra direta e indireta).
- Recursos Tecnológicos (tecnologia de produção, tecnologia da informação e tecnologia do conhecimento).
- Recursos Administrativos (funções administrativas, funções organizacionais, práticas, técnicas, procedimentos, rotinas, políticas, planos, programas, métodos, metodologias, documentos, manuais).
- Recursos Mercadológicos (perfil do consumidor, pesquisa de mercado, inovação, produto, marca, comunicação do produto, previsão de vendas, relação com consumidores, fornecedores e concorrentes, estratégias, táticas, negociação, distribuição).
- Recursos Sistêmicos (sistemas de informação, sistemas de comunicação, sistemas de suporte à decisão, sistemas simulatórios, sistema de banco de dados).

Sem recursos atuais e modernos a empresa se tornará lenta, cara e não competitiva, porque, hoje, existem máquinas, equipamentos e sistemas que facilitam o trabalho das pessoas, tendo em vista apresentarem resultados rápidos, com qualidade suficiente para atender o desejo dos consumidores mais exigentes.

Regra – Regra é uma verdade específica ou restrita, possuindo, geralmente, exceções. Regras ou princípios de administração são, portanto, regras básicas para o trabalho e conduta do administrador. Portanto, não há como ir de encontro a estes dois conceitos na solução de um problema. O conjunto de normas, que diz como e quem pode fazer, envolvendo um procedimento, chama-se regulamento.

A seguir são apresentadas regras que ajudarão você a controlar o seu tempo.

- Analisar o Tempo Consumido.
- Desenvolver a Ação Preventiva.
- Implantar o Planejamento Integrado.
- Persistir na Perseguição dos Objetivos.
- Estabelecer com Antecedência Prazos e Programas.
- Dispor de Alternativas.
- Dispor de Flexibilidade.
- Evitar Superposição.
- Concentrar Esforços.
- Perseguir a Eficiência para Chegar à Eficácia

- Implementar a Descentralização e a Delegação.
- Estudar Detalhes.
- Hierarquizar Procedimentos.
- Controlar Seletivamente.
- Utilizar Gráficos.
- Assumir os Problemas.
- Trabalhar com Tranquilidade.
- Programar as Interrupções.
- Selecionar o Relevante.
- Assumir Erros.

Regulamento – Regulamento é um conjunto de regras (normas) que dizem como e quem pode fazer. Assim, um funcionário pode ser avaliado se aquilo que faz é congruente ou não com o regulamento. Ele pode estar aquém ou além das expectativas da direção da empresa.

Documento normativo que reúne comandos diretos e cursos de ação que devem ser seguidos fielmente. Ato normativo que amplia a ação administrativa, explicitada no Estatuto, para caracterizar a organização nos seus aspectos fundamentais, tais como as diretrizes operacionais. No regulamento, encara-se a dinâmica do ponto de vista genérico, deixando para o texto do regimento o detalhamento específico de cada órgão definido na estrutura.

Um bom regulamento, geralmente, responde o que fazer, envolvendo um determinado procedimento, para uma determinada situação ou trabalho.

Saúde – Saúde é o estado completo de bem-estar físico, mental e social e que não consiste somente na ausência de doença ou de enfermidade (Organização Mundial da Saúde). A má vontade que tem o ser humano de ir ao médico e fazer exames preventivos de saúde é muito grande. Nós só damos valor à saúde quando a perdemos.

Ficar doente nos traz não só complicações como uma grande perda de tempo. Portanto, vale a pena fazer exames periódicos para verificar como está a nossa saúde. O tempo "perdido" é muito pouco se comparado àquele em que ficamos doente ou hospitalizado.

A pessoa viciada em trabalho também é um doente. É preciso administrar o tempo para utilizá-lo no corpo, na mente e no grupo para que haja certo equilíbrio. Tirar férias é fundamental, como passear e ver pessoas e lugares diferentes, porque torna a pessoa mais leve e criativa.

Evite ao máximo ficar doente porque além de ser extremamente desagradável é um tempo irrecuperável. Leva-se pouco tempo para ficar doente, às vezes alguns segundos, que se traduzem em semanas de recuperação. Não se exponha inutilmente para demonstrar uma "fortaleza" que não tem. Cuide-se!

Técnica – Técnica é o conjunto de procedimentos que as pessoas usam no desempenho de uma atividade. Método que foi padronizado e tem uma ampla gama de usos. Modo de realizar uma atividade de maneira mais eficiente. A utilidade de uma técnica depende diretamente do método que a mesma emprega, e vice-versa. Técnica é uma maneira, jeito ou habilidade especial para se executar ou fazer algo.

A seguinte comparação esclarece os conceitos:

- Método está relacionado à estratégia (caminho a ser percorrido).
- Técnica à tática (mudança de direção do caminho).

Tecnologia – Tecnologia é um conjunto de conhecimentos, técnicas, ferramentas e atividades utilizadas para transformar os recursos organizacionais em produtos (resultados). Desde que o homem confeccionou as primeiras ferramentas e armas que lhe possibilitaram controlar a natureza para sua sobrevivência e proteção, até os dias atuais, os desenvolvimentos da tecnologia e da sociedade moderna são duas faces de uma mesma moeda.

Na organização moderna, a gerência da tecnologia passou a ser um fator crítico na consecução das atividades empresariais. A própria manutenção da organização repousa na sua capacidade de fazer escolhas de tecnologia adequadas às atividades que desenvolve, isto é, de tecnologias que assegurem a produção de bens e serviços de qualidade igual, ou melhor do que a concorrência.

A mudança tecnológica é um desafio para as empresas. Impõe-se a necessidade crescente de atualização, se não para manter uma posição de vanguarda, pelo menos para acompanhar de perto as transformações. Em resumo, pode-se dizer que a tecnologia tem a propriedade de determinar a natureza da estrutura e do comportamento organizacionais das empresas.

A tecnologia cria incentivos em todos os tipos de empresa, para levar os gerentes a melhorarem, cada vez mais, a eficácia, mas sempre dentro dos limites do critério normativo de produzir eficiência.

Visão – Visão é a capacidade que uma pessoa tem em enxergar um cenário mais amplo possível; Visão de longo prazo. A visão identifica os limites que os principais responsáveis pela empresa conseguem enxergar dentro de um período de tempo mais longo e uma abordagem mais ampla.

O homem, dentro de suas limitações, decorrente da incapacidade de analisar e equacionar os fenômenos complexos, naturais ou artificiais, precisa isolar os elementos componentes para melhor entendê-los, analisando sua estrutura e conhecendo suas características, como recomenda a metodologia do cartesianismo, o que conduziu à especialização e a consequente perda de visão global.

Para ter uma visão sistêmica da organização o gerente terá de ser suprido com informações pertinentes, através de sistemas inteligentes de informação e comunicação. Portanto, a visão sistêmica é dada àquele que encara a empresa como um sistema, que tem subsistemas de sustentação e preservação dos negócios, bem como recursos, estratégias, funções, métodos, políticas, mudanças, regras, controle de resultados, avaliações.

A visão estratégica é tão importante quanto a própria estratégia. A falta desta visão agrava o resultado da empresa. O indivíduo que não tem visão de longo prazo pode até ter sorte no seu negócio ou na sua vida. Como dizia Aristóteles: “Sorte é quando a pessoa que está a seu lado é atingida por uma flecha”.

A visão generalista é aquela em que o executivo tem conhecimento interdisciplinar para resolver problemas, tomar decisões e fazer análises. A visão dos negócios é a capacidade de dominar e manusear informações relativas à situação e à missão da empresa e de planejar de forma coerente essa visão. A visa holística dá ao executivo a capacidade de conviver com o ambíguo, o contraditório, o ilógico e o inesperado.

2.3 Excessos Relativos ao Tempo

A seguir, abordaremos alguns elementos que excedem para mais bem administrar o tempo. É importante acrescentar que muitas são os excessos que interferem no bom uso do tempo. O excesso é sinônimo de abundância (exagero). Resumindo, excesso é aquilo que ultrapassa o permitido como normal. A palavra excesso já denota uma anomalia.

Burocracia – Burocracia se baseia na racionalidade, isto é, na adequação dos meios aos objetivos (fins) para garantir a máxima eficiência possível. Tipo de organização caracterizada pela paixão à rotina e à não criatividade. Com a burocracia a organização perde o calor, a garra, a motivação, o sentido de urgência e a clara consciência de seus objetivos. Torna-se insensível e vagarosa.

A burocracia não constitui problema exclusivo do serviço público, aqui ou no estrangeiro. Na verdade, o fenômeno da burocracia está intimamente associado ao da dimensão. Atingida certa dimensão, toda organização tende a burocratizar-se. É que, com o crescimento, perde-se a dimensão humana.

Não há dúvida de que a dimensão favorece a burocratização, por força do inevitável processo de despersonificação que dela decorre. Mas a burocratização não se alimenta apenas da dimensão. Tem raízes profundas no próprio comportamento humano e, sobretudo, na tendência à centralização da autoridade.

Controle – Controle é uma função administrativa que verifica e compara os resultados alcançados com aquilo que foi estabelecido no planejamento (resultados esperados).

Controlar é verificar se o plano foi executado, aferindo resultados, para saber se estes estão além ou aquém do esperado. É possível, assim, determinar, também, se os objetivos foram superestimados ou subestimados.

O controle serve para: avaliar resultados e desempenhos; rever, ajustar, atualizar e propor mudanças; fazer correções necessárias; modificar objetivos; mudar estratégias; revisar prazos e orçamentos; corrigir desvios dos padrões estabelecidos; dar feedback para atualizar o plano; criar táticas para corrigir uma estratégia mal elaborada; mudar padrões; propor mudanças.

No controle, o gerente deve se preocupar com estoque, qualidade, custo, produtividade, sistema de avaliação, carteira de pedidos, planilhas, gráficos, controlgramas, curvas para análise de resultados, tempo de resposta, encargos sociais, por exemplo.

Os controles são necessários porque constantemente surgem distúrbios desviando o sistema do curso. Os distúrbios (desvios) por definição estão fora do controle do administrador. Não existe a mais remota possibilidade de sucesso em um sistema que não incorpore um determinado número de controles capaz de assegurar a exatidão das informações que chegam e saem do sistema.

Segundo Russel Ackoff, "controlar um processo em execução é fazer medições e avaliações da eficiência do mesmo, comparar o resultado com padrões previamente estabelecidos, determinar o desvio e fazer a correção necessária".

Existem pessoas que perdem muito tempo fazendo controle de controles. Exagerando na quantidade, você corre o risco de se perder. Controles orçamentários pormenorizados, que amarram as mãos do administrador, controles complexos que tolhem a criatividade e controles de compras que atrasam as entregas e custam mais do que o comprado, são exemplos de controles ineficientes e ineficazes. O excesso de controle, além de atrapalhar, é sugador de tempo e de recursos.

Não há controle perfeito. E desta forma o que se quer é um controle que seja o mais conveniente possível. Não deve a empresa se posicionar nos extremos, isto é, nenhum controle ou controle exagerado. O grau mais conveniente possível de tal sistema acontece quando o custo total deste sistema é mínimo, considerando-se o custo total a soma do custo do próprio sistema de controle mais o custo quando não há controle.

Desperdício – Desperdício é um fator de alto custo na produção. Toda vez que se consome mais material, tempo, energia e espaço do que realmente seria necessário, se o trabalho fosse realizado racionalmente, isso que se consome a mais é desperdício e encarece a produção. Os desperdícios mais notáveis são de: água, material, dinheiro, alimento, energia elétrica, espaço físico, gás, mão de obra e tempo.

Um dos fatores, geralmente, mal percebido, é o desperdício. Um exame, não muito profundo, revelará que não há atividade sem desperdício. Algumas formas de desperdício são facilmente percebidas, como acontece com o material. Outras são menos notadas, como acontece quando os funcionários gastam mais tempo e realizam mais movimentos do que os realmente necessários para fazer o serviço (Lei de Parkinson).

Toda vez que se consome mais material, tempo, energia e espaço do que realmente seria necessário, se o trabalho fosse realizado racionalmente, isso que se consome a mais é desperdício e encarece a produção. O desperdício é um fenômeno mundial. A maneira correta de combater qualquer mal é combater as suas causas. Assim, se houver um desejo de combater os desperdícios, é necessário eliminar e conhecer os seus motivos.

Examinando as causas dos desperdícios, verifica-se que algumas podem ser atacadas através de medidas de caráter administrativo, de caráter cultural e de caráter educativo. Várias são as medidas administrativas, pois o corretivo dependerá da causa do desperdício. As medidas culturais estarão fundamentadas na formação de uma mentalidade, na doutrinação e no treinamento constante.

As sugestões para minimizar o desperdício podem ser: campanhas educativas, cartazes, projeções de filmes, reuniões, palestras, e-mails e prêmios para ideias inovadoras e efetivas.

Expectativa – Expectativa é a combinação de crença, chance, probabilidade e sorte que alguém tem em atingir determinado resultado (objetivo, desempenho). Tanto que é uma das variáveis mais importantes da expectativa é a motivação.

A Teoria da Expectativa considera que pode ser necessário haver uma sequência de eventos interligados para que um resultado desejado se realize.

Se as expectativas de um dirigente são elevadas, o provável é que a produtividade seja excelente. Se elas são restritivas, a produtividade será provavelmente baixa. É como se existisse uma lei que fizesse o desempenho de um subordinado subir ou descer para acompanhar o progresso de seu superior. Albert Moll, médico e psicólogo, verificou que os indivíduos se comportam conforme aquilo que deles se espera. Mais ainda, a medicina há muito reconhece que a cura do paciente está diretamente ligada às expectativas do médico e paciente.

Está claro que a maneira pela qual um dirigente trata seus subordinados, e não a maneira pela qual os organiza, é a chave das grandes expectativas e da elevada produtividade. Ao contrário do que se pode supor, as elevadas expectativas, dos dirigentes mais categorizados, baseiam-se, principalmente, naquilo que eles pensam de si próprios e de suas próprias habilidades. A aptidão em selecionar, treinar e motivar seus comandados, também conta.

Ora, se houver falta ou excesso de expectativa, pode haver um comprometimento do desempenho do ser humano para menos ou para mais. O seu desempenho está ligado diretamente ao custo, que por sua vez se relaciona ao tempo. Assim um equilíbrio sobre expectativa é o desejável, pois não tornará um indivíduo afobado ou lerdo em sua atividade.

Filtragem – Filtragem é a capacidade humana para lidar racionalmente com grande quantidade de informações, simultaneamente, é, ao contrário do que imaginamos, muito limitada. O problema do administrador é a explosão (abundância) de informações, dificultando o controle da comunicação. Faz-se necessário filtrar o que é pertinente e relevante do redundante e repetitivo.

A informação passada de um determinado nível hierárquico para outro terá de ser filtrada (triagem) ou sintetizada (condensada). O filtro é utilizado para selecionar o que deve ou não passar. A despeito de todas as filtragens e simplificações, o volume de informações necessário à condução de nossos negócios cresceu muito, mais do que o tamanho do próprio negócio.

Desde o ambiente até a ação são necessários diversos filtros para barrar informações indesejáveis. Mas também o excesso de filtragem pode distorcer as determinações da direção superior.

Inovação – Inovação é um produto verdadeiramente necessário, sem substituto satisfatório. Acreditam-se falsamente na criação, no lançamento de novidades, novos produtos, novas embalagens, novos serviços e outras inovações. Mas, apesar das condições atuais de concorrência, está ficando cada vez mais arriscado não inovar.

A inovação contínua parece ser a única maneira de se evitar obsolescência da linha de produtos da empresa. Quando introduzir uma inovação no produto? É bom fazer uma pesquisa prévia para se saber até que ponto será a mesma aceita.

Mas antes de ir adiante é bom deixar claro o conceito de inovação: produto verdadeiramente necessário, sem substituto satisfatório; produto modificado; produto imitativo. Não confundir com invenção que é um produto e/ou uma descoberta que causa uma revolução científica, tecnológica e ambiental. Um bom exemplo é a roda.

Nenhuma empresa pode se dar ao luxo de ser inovadora tão constantemente quanto é forçada a imitar. A empresa precisa estar atenta ao equilíbrio entre inovar e imitar.

Interrupção – Interrupção é o intervalo de tempo em que uma tarefa é interrompida. Nem sempre uma interrupção é algo ruim, pois, às vezes, ela é benéfica. Quanto mais alta é a posição de uma pessoa na estrutura organizacional maior é a dificuldade de acessá-la. Ela é cercada de filtros, barreiras e assistentes cheios de preconceitos.

Uma pesquisa da Organização Internacional do Trabalho (OIT) revela que um executivo é interrompido em suas tarefas, em média, a cada 7 minutos. Nesse ritmo, ao final do dia, ele terá desviado a sua atenção do foco de suas atividades mais de 50 vezes. As 24 horas de um dia passam a ser insuficientes para dar conta do recado

Quando se retoma o trabalho interrompido há sempre uma necessidade de uma repetição para se tomar pé do assunto, havendo uma perda de tempo, porque você terá de procurar e juntar papéis, preparar-se para a ação, reler e repensar o que já fez, recriar o "aquecimento" já perdido.

A repetição de atividades sempre deve ser evitada. É puro desperdício (com exceção do processo de aprendizagem e de persuasão) de tempo. Faça as coisas de uma só vez. Conclua o que começou. Evite repetições e voltas ao mesmo trabalho, só o faça se necessário.

Avalie corretamente o tempo necessário para o início e a conclusão de uma tarefa. Reserve e assegure tempo contínuo e ininterrupto para a sua realização. Certifique-se primeiro de que você tem todas as informações e recursos para completar a tarefa a ser iniciada. A informação adequada e oportuna poupa tempo e evita paradas desnecessárias.

Movimento – Movimento é a menor unidade dentro da divisão do trabalho a ser feito. Sua avaliação é feita em função do corpo humano, do posto de trabalho e do esforço. Já o estudo de movimentos é o resultado das análises e das medidas de todos os movimentos envolvidos numa determinada tarefa, com a intenção de eliminar o esforço que pode ser evitado.

A preocupação com os movimentos partiu de Frank Gilbreth, que, tendo iniciado sua carreira como servente de pedreiro, ficou impressionado com o fato de cada assentador de tijolos usar um método diferente. Ainda mais, que cada assentador usava pelo menos três métodos diferentes: um quando ensinava, outro quando trabalhava depressa e outro quando trabalhava devagar. Um desses pedreiros sempre lhe dizia: "Não faça tantos movimentos".

O estudo dos movimentos é desenvolvido e representado por meio de modelos esquemáticos simples. O exame posterior desses modelos é feito de acordo com as leis da economia de movimentos. Uma série de princípios foi extraída dos estudos dos movimentos e enumerada em relação aos dois principais aspectos: Corpo Humano e Posto de Trabalho.

Pedido – Pedido é o ato que um comprador faz a um fornecedor. Pedidos em excesso pode prejudicar o controle da carteira de pedidos. Controle que dá uma visão clara se a empresa tem capacidade para atender ao mercado, e, também, ajuda a observar como está sendo feito o atendimento dos pedidos de sua carteira

Normalmente, tanto para um pedido grande como para um pequeno, custa o mesmo na fabricação do produto, na sua embalagem e no seu transporte. Até a mão de obra constitui, hoje, um custo fixo, na maioria dos ramos industriais e de serviços, em vez de um custo que flutua de acordo com o volume (custo variável). Apenas os materiais e os componentes adquiridos são realmente custos variáveis. O desenvolvimento de um novo produto que fracasse custará tanto quanto o de um produto que tenha êxito.

Pedido de afogadilho atende um cliente especial em função da quantidade ou do preço dos produtos solicitados. Pedidos de afogadilho atrapalham o controle da carteira de pedidos

Sempre haverá cancelamento de pedidos. Mas uma taxa de cancelamentos acima de 5% deve começar a preocupar a empresa. Procurar verificar se Vendas não está dando prazos incompatíveis com a capacidade de entrega da empresa.

Perda – Perda é parte intangível não aproveitada do produto gerado por um projeto. Perdas fazem parte do processo de fabricação, podendo-se minimizá-las, mas não as evitar. Portanto, é necessário que a quantidade disponibilizada para a produção seja a mais exata possível, porque o custo pela perda será incorporado ao custo do produto.

Se a taxa de refugo for alta, mostra que, na empresa, podem estar acontecendo: erros de projeto do produto; falhas no controle de qualidade; falhas no controle da produção; baixo nível de educação; mau uso das funções administrativas, principalmente, a função administrativa organização; armazenagem incorreta; falta de treinamento.

Se houver perda anormal, como no caso, por exemplo, de incêndio no almoxarifado, roubo, enchente, os valores correspondentes não devem ser tratados como custo de produção, e sim levados diretamente ao resultado.

Vale a pena fazer uma autoavaliação a respeito. Individualmente, procure assinalar as proposições que se aplicam a você na sua perda de tempo.

Perfeccionismo – Perfeccionismo é o processo de auto sabotagem que impede o alcance dos objetivos. Forma sutil de pessimismo, pois focaliza os aspectos negativos dos acontecimentos e fatos, dificultando a gratificação pessoal com os resultados que na visão do perfeccionista poderia ser melhor.

Existe uma diferença entre almejar a excelência e almejar a perfeição. A primeira, é atingível, gratificante e saudável. A segunda, é inatingível, frustrante e neurótica. É também um tremendo desperdício de tempo. A perfeição é um conceito subjetivo e suas raízes estão ligadas a um alto grau de exigência consigo mesmo e, por extensão, com os outros, levando as pessoas a um estado de insatisfação latente.

A pessoa que se propõe a ser perfeita encontrará dificuldades e barreiras no seu trabalho, pois sua tendência será procurar defeitos em si e nos outros, dar importância inadequada a detalhes irrelevantes que redundarão num relacionamento interpessoal conflituoso, provocando um temor exagerado por parte de seus colaboradores, dependência e medo de assumirem responsabilidades.

Quantas vezes você refez um trabalho só porque tinha um erro sem importância?

Tudo isso custa tempo, dinheiro, energia e desgaste emocional e uma parte é, direta ou indiretamente, paga por você mesmo. Perfeccionistas têm dificuldade em delegar, em distribuir tarefas, em verificar a relativa importância do detalhe no todo, em alcançar resultados uma vez que focalizam apenas a tarefa em si. Por isso tendem a trabalhar mais horas, criando trabalho improdutivo e raramente terminando seu trabalho a tempo.

Faça distinção entre o bom e o perfeito. Na grande maioria dos casos o bom é suficiente para atingir os nossos objetivos enquanto o perfeito, por ser mais difícil, acaba fazendo com que as pessoas desistam no meio do caminho. Esta é uma das razões por que muitas atividades são interrompidas, frustrando os indivíduos, gastando tempo e dinheiro.

Postergação – Postergação é a tendência a deixar as tarefas para mais tarde, desperdiçando tempo com isso. Existem diversas razões para que as pessoas posterguem suas tarefas, deveres e responsabilidades na vida profissional e na vida pessoal.

Cuidado com a tendência de postergação para tarefas difíceis e desagradáveis. Para isso trabalhe em blocos, segmentando suas atividades, isto é, agrupe e realize num determinado período de tempo, tarefas afins. Um dos mais frequentes desperdiçadores de tempo é a não conclusão de uma tarefa iniciada. Após seu início a tarefa é parada, começa-se outra tarefa, interrompe-se de novo.

Recebe-se uma correspondência e ao invés de lê-la e resolver o assunto de uma só vez, manuseia-se esse papel inúmeras vezes, em ocasiões diferentes, até despachá-lo. Quando esse procedimento vira uma prática costumeira, um hábito, é necessário reconhecer que estamos diante de um grande e perigoso comportamento de má administração do tempo, de energia e de recursos.

Não pare a tarefa no meio porque lhe é difícil ou desagradável. Quando tentado a parar, avalie os custos desta postergação. Lembre-se que ao postergar uma tarefa você está aumentando o seu "backlog" (acúmulo de trabalhos pendentes). Para a grande maioria das pessoas, frequentemente é muito mais difícil superar a protelação do que manipular o tempo (propriamente dito). Existem diversas razões para que as pessoas posterguem suas tarefas, deveres e responsabilidades na vida profissional e na vida pessoal.

As justificativas para esses adiamentos são: Poderei fracassar e não conseguir realizar a tarefa a contento (acontece com os perfeccionistas); Não gosto de trabalhar sob pressão; Vou esperar um momento mais tranquilo; Tenho muitas coisas para fazer e este não é o momento adequado para realizar isso; Este trabalho é chato, e tenho tantas coisas mais agradáveis para fazer.

Uma estratégia para lidar com a postergação pode ser resumida numa palavra: Vencê-la. Para tanto, existem diversas táticas, tais como:

- Fixe prazos para começar e acabar.
- Pratique a prevenção, isto é, seja proativo.
- Crie estímulos e recompense bons resultados.
- Divida o trabalho em pequenas tarefas.
- Crie desafios pessoais e profissionais, medindo seu desempenho.
- Evite sobrecarga de trabalho e pilhas de assuntos acumulados para solução.
- Faça coisas chatas em primeiro lugar.
- Priorize as tarefas criando um arquivo de *Follow-up* (acompanhamento) com a finalidade de executar tarefas em ocasiões apropriadas.

Repetição – Repetição é fazer de novo uma atividade. É puro desperdício de tempo e recursos (com exceção do processo de aprendizagem e de persuasão). A repetição deve ser evitada a todo custo. Faça as coisas de uma só vez. Conclua o que começou. Evite repetições e voltas ao mesmo trabalho, só o faça se necessário.

Avalie corretamente o tempo necessário para o início e a conclusão de uma tarefa. Reserve e assegure tempo contínuo e ininterrupto para a sua realização. Certifique-se primeiro de que você tem todas as informações e recursos para completar a tarefa a ser iniciada. A informação adequada e oportuna poupa tempo e evita paradas desnecessárias.

Reunião – Reunião é um processo dinâmico de grupo que é fluido, inexato, mutável e impossível de se reduzir a um simples conjunto de sistemas e descrições. Para muitos, reuniões são encaradas como perda de tempo, para outros uma necessidade vital. Há reuniões, porque as pessoas que realizam trabalhos diferentes têm de cooperar para fazer um trabalho específico. Reuniões são necessárias desde que não virem fábricas de consenso.

Reunimo-nos, porque o conhecimento e a experiência necessários, para uma situação específica, não estão disponíveis numa única cabeça, têm de ser coletados, peça por peça, da experiência e da percepção de várias pessoas. O fato de reuniões serem necessárias e muito usadas não significa que sejam sempre eficazes. Muitas são mal organizadas e pobremente conduzidas e, portanto, totalmente inúteis.

Segundo C. Northcote Parkinson, "as reuniões são, por definição, uma concessão à organização deficiente, pois uma pessoa ou se reúne ou trabalha, não pode fazer as duas coisas ao mesmo tempo". Numa estrutura idealmente planejada não haverá reuniões. Cada um saberá aquilo que deve conhecer para fazer seu trabalho. Da mesma forma terá os recursos à sua disposição para a melhor execução possível.

O fato de reuniões serem necessárias e muito usadas não significam que sejam sempre eficazes. Muitas são mal organizadas e pobremente conduzidas e, portanto, totalmente inúteis. Outro tipo de reunião inútil é quando o líder usa o encontro apenas para confirmar sua decisão e mostrar poder. Depois de ter decidido, usa a reunião para endossar suas próprias conclusões.

Sempre haverá um número de reuniões maior que o necessário. A organização precisará sempre de tanto trabalho em conjunto que as tentativas, mesmo bem-intencionadas, para criar oportunidades para a cooperação poderão tornar-se, de algum modo, redundantes. Mas se os gerentes de uma empresa ocupam mais do que uma parte razoavelmente pequena de seu tempo em reuniões é sinal seguro de má organização.

Risco – Risco é toda e qualquer possibilidade de uma decisão, política, estratégia, plano, projeto não dar certo. Assim, se torna importante todo esforço para minimizá-lo. Numa economia dinâmica, livre e competitiva, o risco é inevitável. Desafia constantemente a argúcia dos empreendedores e sua estimativa correta é muito difícil. Expõe o negociante ao perigo de prejuízo financeiro, que pode ser causado por deterioração física, roubo, danificação, perda, alterações de oferta ou procura e oscilações do nível de preços.

Executar projetos é diferente de executar uma rotina já consagrada, visto que estamos, constantemente, enfrentando situações inesperadas e turbulências do ambiente e do mercado. Ademais, o que caracteriza o futuro é a incerteza.

Os riscos de fracasso rondam, permanentemente, o analista, o empreendedor e o gestor. Deve-se levar em conta que qualquer investimento tem uma expectativa de risco. Mas este deve ser o mais bem calculado possível.

2.4 Mudança

Mudança é a transição ou passagem de uma situação (estado) para outra diferente. Mudam a tecnologia, a estrutura, a estratégia, o ambiente, as necessidades, as pessoas, os recursos. A mudança passa a ser sempre mais valorizada, a estabilidade passa a ser vista como suspeita, e se procura imaginar novos tipos de estabilidade que atendam às necessidades de mudança. A mudança pode ser realizada por técnicas de indução e liderança ou pelo carisma próprio do gerente.

O estudo do conflito contribui grandemente para a compreensão dos processos de mudança. As mudanças precipitam conflitos e estes geram inovações que levam ao surgimento de novas práticas que ajudam a resolvê-los e reduzem temporariamente as tensões. Conflitos e mudanças andam juntos.

Conflito é uma situação em que uma pessoa se coloca contra uma outra ou contra um grupo. No passado, os conflitos eram reprimidos. Hoje, são desejáveis pois trazem mudanças e inovações, desde que não sejam constantes e permanentes, pois, se assim o forem, não deixarão a organização prosseguir na sua luta diária para sobreviver.

Ela é sempre feita com a intenção de melhorar, porque objetiva maior e melhor qualidade dos produtos, imagem da marca e da empresa, fatia de mercado, margem de lucro.

Mudanças acarretam uma série de perturbações sobre os indivíduos e as organizações. Ameaçam o equilíbrio psicossocial, causando frustração e desorientação. Afetam o equilíbrio das organizações, que não podem manter processos decisórios que tornam anacrônicas suas respostas às próprias necessidades de atualização.

A vida está repleta de histórias de pessoas que deixaram escapar o momento exato da mudança. As razões são diversas: medo, comodismo ou mesmo uma visão míope do cenário. O descuido, muitas vezes, cobra um preço elevado, que se traduz em oportunidades desperdiçadas e sonhos postergados.

2.5 Comportamento

Comportamento é uma conduta, maneira de agir, uma reação, uma atitude diante de uma pessoa, organização ou ambiente. O comportamento de um indivíduo no grupo de trabalho é influenciado pelos motivos que levam o indivíduo a trabalhar ou ter gosto pelo trabalho.

Se uma pessoa reage contra uma decisão organizacional, por exemplo, diz-se que ela tem um comportamento negativo. Um comportamento negativo nem sempre é ruim. Ele pode ser inovador. Ao tratar do problema da variável humana na organização, James D. Thompson discorre que: "o ator humano é um fenômeno multidimensional, sujeito às influências de variáveis".

O estilo comportamental de um homem, no exercício da função direção, é em grande parte determinado por sua formação e personalidade. O engenheiro é mais preciso e formal do que um homem com formação no setor de vendas. O vendedor será agressivo e, por natureza, será também sensível às sugestões dos outros, pois aqueles que sabem persuadir podem ser persuadidos.

De todas as características da direção a qualidade do risco criativo é a mais ameaçada pelos abusos dos sistemas modernos de administração. O rumo que toma a empresa pode depender tanto da situação encontrada quanto da personalidade do dirigente.

Mas, um comportamento negativo nem sempre é um problema, pode ser inovador. Os problemas comportamentais de um indivíduo podem advir da falta de atendimento das necessidades humanas (fisiológica, segurança, social, estima, independência, realização, poder, atuação, afiliação).

As organizações tratam pessoas como indivíduos (características, aspirações, valores, comportamentos, objetivos) e como recursos (habilidades, conhecimentos).

Kurt Lewin observou que "o comportamento de um indivíduo estará em função da própria pessoa e do ambiente que a cerca" (Teoria de Campo). Como o homem é um sistema complexo, é difícil prever seu comportamento que pode ser proativo, reativo, cooperativo, adaptativo, produtivo, político, avaliador, social, motivador, resolutivo, objetivo, construtivo. Seu comportamento será ditado pelas suas necessidades.

Quando se estudam os indivíduos e os grupos dentro de uma organização, está-se estudando o comportamento da organização, em função de um estilo administrativo, que, se mudado, pode alterar o comportamento organizacional. Hoje, afetado pela tecnologia digital da informação, o comportamento humano na organização está sendo redefinido. Cada vez mais se exige das pessoas velocidade em suas atividades.

Nota: O comportamento organizacional surgiu, como objeto de estudo, na década de 1960, e se trata de um conjunto de teorias extraídas de: pesquisas, leis naturais e movimentos artísticos.

Dificilmente uma questão importante nas empresas deixa de apresentar implicações comportamentais. Todos nós já vivenciamos organizações sem estratégias, planos e projetos. Porém, ninguém viu uma organização sem comportamento. O fracasso da organização não pode ser atribuído ao mercado. O insucesso da mesma é, com certeza, uma falha administrativa. Não se trata da falta de recursos ou de informações, mas é uma questão de comportamento apropriado ao ambiente.

2.6 Atuação

O sucesso do gerente não está inteiramente correlacionado ao seu brilhantismo acadêmico. Assim, são necessárias certas habilidades que darão ao mesmo uma eficiência executiva e, obviamente, um ganho de tempo em suas atividades.

O gerente precisa desenvolver a capacidade de interferir intencionalmente nos processos, nos objetivos e nos valores, que regem a filosofia e a política da empresa. Alterar táticas de ação, aprender sobre si próprio, sobre sua função e sobre as condições operacionais da organização.

Uma habilidade muito importante para o gerente consiste no conhecimento da arte da negociação, onde ele deve encontrar meios para alterar ou dirigir o comportamento da outra parte. Para tal será preciso persuadir, interessar, motivar, dissuadir ou atemorizar.

Quanto ao aspecto operacional (atuação administrativa), o gerente será estudado segundo os conceitos de eficiência, eficácia e efetividade. A confusão entre fazer as coisas certas e fazer as coisas de maneira certa é basicamente o problema central numa organização.

Não existe nada mais inútil do que fazer com grande eficiência as tarefas que não precisam ser feitas. A eficiência, eficácia e efetividade de uma empresa se fundamentam no funcionamento acurado e preciso dos sistemas operacionais, baseados num bom planejamento estratégico.

Eficiência é a habilidade de produzir o desejado com o mínimo de esforço. É a melhor maneira pela qual as coisas devem ser feitas, a fim de que os recursos sejam aplicados de forma mais racional possível, isto é, significa agir de acordo com o que foi preestabelecido.

Eficiência é o melhor uso de recursos e processos. O gerente eficiente faz as coisas de maneira certa, dando ênfase aos meios. Resolve problemas; cuida dos recursos; cumpre com suas obrigações; reduz custos em processos de produção; treina seus subordinados.

Eficácia é uma medida normativa do alcance de resultados (objetivos, metas, desafios), isto é, refere à capacidade de satisfazer uma necessidade da sociedade através do suprimento, pela empresa, de bens, serviços e ideias.

A eficácia relaciona-se com os fins almejados. O gerente eficaz faz as coisas certas, dando ênfase nos resultados. Elabora alternativas; otimiza a utilização dos recursos; distingue quais problemas são prioritários; aumenta lucros; desenvolve recursos humanos.

Efetividade é o somatório da eficiência mais a eficácia, visando buscar a satisfação do consumidor dentro de um período de tempo mais curto possível. A efetividade está relacionada à velocidade de resposta que o consumidor dá aos produtos de uma empresa, por exemplo.

O gerente efetivo sabe onde gastar o próprio tempo; concentra esforços em resultados mais do que em atividades; baseia-se nas qualidades pessoais mais fortes; concentra-se nas tarefas-chave; toma decisões que otimizam resultados; atua como agente de mudança.

É comum em palestras, aulas ou seminários se ouvir a seguinte narrativa: Na saída da sala de cirurgias, conversam dois médicos. O primeiro diz: – A operação foi um sucesso, assepsia, instrumentadores e tempo recorde. Imagine extrair aquele rim avariado em somente 12 minutos! O segundo médico suspira e responde descontrolado: – É verdade, só que tiramos o rim errado. É a velha briga entre eficiência e eficácia. Os administradores conhecem muito bem.

Anos de experiência acabaram por mostrar a existência de um potencial de recursos humanos subutilizado, em qualidade e quantidade, a partir da excessiva centralização das decisões, comunicação deficiente e de processos mal estruturados.

Precisamos é de uma maneira de identificar as coisas certas, aquelas que possivelmente darão resultado significativo, isto é, que tenham eficiência e eficácia, e, assim, descobrir um método para nos concentrarmos nelas.

2.7 Relógio Biológico

Relógio Biológico é o nome dado àquilo que regula a variação dos fluxos de nossa energia no decorrer das vinte e quatro horas do dia. Apesar da convenção social, da vigília diurna e do sono noturno, nem todos os indivíduos enquadram-se nesta divisão de dia e noite, que, na realidade, é arbitrária para alguns, que esquecem a herança que recebemos dos nossos ancestrais.

Cada ser humano é produto da interação de fatores ambientais, genéticos, biológicos, sociais, culturais e psicológicos que determinam sua conduta. A sociedade em que vivemos, através de normas, regulamentos, padrões de comportamento, valores e preconceitos, não só condiciona, como impõe certas rotinas que acabam se tornando nossa segunda natureza. É o que os sociólogos denominam de herança cultural.

Os pontos estreitamente ligados com a nossa produtividade são os chamados níveis de capacidade do uso do tempo, isto é, o nosso relógio biológico que regula a variação dos fluxos de nossa energia no decorrer das vinte e quatro horas do dia.

Observa-se, por exemplo, que a necessidade de horas de sono varia entre as pessoas. Algumas necessitam de oito ou mais horas enquanto outras se satisfazem com apenas quatro. Entretanto, existem algumas regularidades e tendências que, se conhecidas, poderão tornar o nosso tempo mais produtivo.

Pesquisas indicaram que a memória é mais aguda na parte da manhã do que na parte da tarde, quando nosso desempenho tende a cair, e que entre quinze e dezoito horas lidamos melhor com o estresse e que a partir das dezoito horas toleramos melhor a dor.

Capítulo 3

Tempo para Decisão

"Quando oficiais dão ordens e não são obedecidos, é possível que, numa primeira vez, tenha havido um problema no sistema de comunicação. Mas quando dão as mesmas ordens pela segunda vez e não são obedecidos terão de ter suas cabeças cortadas".

Sun Tzu

Objetivos do Capítulo

- Mostrar a importância da tomada de decisão acertada.
- Mostrar a dificuldade de decidir como um consumidor de tempo.
- Mostrar a temeridade de se desconsiderar o risco.

3.1 Decisão

Decidir é escolher entre várias alternativas de cursos futuros de ação, porque se não há alternativas não há escolha. É fazer uma apreciação sobre uma linha de conduta a ser adotada. Tomar decisões implica dispor inteligentemente de recursos físicos, materiais, humanos, financeiros, mercadológicos, administrativos, sistêmicos e tecnológicos, de maneira a otimizá-los na consecução dos objetivos.

Se você tem conhecimento e experiência pertinentes, provavelmente, escolherá os melhores caminhos, se não os tem tomará más decisões. Em suma, você é vítima da sua própria formação.

A natureza deste processo possui muitas facetas e modifica-se continuamente. A tomada de decisão está intimamente relacionada à solução de problema, mas deve-se fazer uma distinção entre as duas coisas. Enquanto esta trata da busca e resposta, aquela se compromete com uma alternativa específica de solução.

A racionalidade analítica no processo decisório se fundamentou em modelos matemáticos e no avanço da tecnologia, porque considerar e analisar as alternativas de decisão ficou muito mais fácil com o computador. Porém, a literatura atual que trata da gerência da decisão e da excelência administrativa encerra propostas oriundas da experiência profissional, voltada para: simplicidade, intuição, senso comum, juízo e percepção.

A intuição é vista como um "impulso" para a ação onde não há raciocínio lógico. Segundo Motta, "a intuição deverá merecer explicações mais apuradas no futuro porque parece que o nível de intuição da pessoa aumenta em função das experiências, pesquisas, estudos e conhecimentos acumulados que não foram ainda adicionados ao consciente do indivíduo". A razão é desconhecida.

Ao decidir, sua mente agirá de sorte a procurar a melhor solução para o problema. Da mesma forma, quando tomamos decisões autocorretivas, estamos buscando parâmetros familiares, baseados na experiência e conhecimento acumulados, ao longo dos anos, como num processo contínuo de realimentação.

Entretanto, certos administradores passam mais tempo decidindo sobre qual a decoração do escritório do que sobre seus objetivos. Esses homens, muitas vezes, têm uma predileção pelos detalhes ou pela perfeição e tem dificuldades em distinguir o que é realmente importante nas suas atividades.

Como não é fácil decidir, você precisa estar bem servido de informações relevantes e pertinentes, porque quanto mais dados forem obtidos menor é o tempo disponível para sua análise e uso eficaz. Qualquer que seja o tamanho do problema será necessário ter um sistema de informações como suporte de decisão. Outro aspecto a considerar na tomada de decisão é a diferença entre o que é urgente e o que é importante.

O problema é que a tarefa importante precisa ser executada no mesmo dia ou durante a semana que se segue. A tarefa urgente exige providências imediatas, exercendo uma pressão interminável a toda hora e a todo dia. A dificuldade é a distinção entre ambos.

Alguns elementos ajudarão o administrador na tomada de decisão, tais como: fatos geradores, fatores influentes, forças decisórias, banco de dados, canal de comunicação, nível hierárquico, centralização, descentralização, percepção, conhecimento, problema a resolver, métodos, modelos, técnicas, políticas e manuais, por exemplo.

3.2 Resultado da Decisão

O objetivo de uma decisão é a direção do comportamento humano no sentido de alguma finalidade futura. A racionalidade pressupõe certa habilidade em efetuar um julgamento a respeito do futuro. Mais importante do que saber por que não se chega às conclusões certas é saber que linha de ação produzirá os melhores resultados possíveis, a partir dos recursos disponíveis.

Na tomada de decisão você deve se perguntar:

- Até que ponto as consequências de uma decisão podem ser previstas de modo preciso?
- Até que ponto essa decisão vai afetar sua empresa?
- Você terá a capacidade de controlar os resultados?
- Essa decisão vai afetar outras funções organizacionais?
- Essa decisão envolve pontos da política empresarial?
- Essa decisão é baseada em circunstâncias únicas?
- Quanto tempo é preciso para acontecer o resultado esperado?

Antes de prosseguir, é importante entender os seguintes conceitos:

Resultado Esperado – Decisão sob Certeza (as variáveis são conhecidas e a relação entre a ação e suas consequências é determinada, ou seja, uma relação de causa e efeito).

Resultado Possível – Decisão sob Risco (as variáveis são conhecidas e a relação entre a ação e suas consequências é conhecida em termos de probabilidade).

Resultado Probabilístico – Decisão sob Incerteza (as variáveis são conhecidas, mas as probabilidades para determinar as consequências de uma ação são desconhecidas ou não podem ser determinadas com algum grau de certeza).

O problema de prever o resultado de uma decisão leva em consideração: certeza, risco, incerteza e informação. A certeza ocorre quando se sabe que uma ação conduz invariavelmente a uma determinada consequência. O risco ocorre quando uma ação conduz a um dos resultados possíveis de um conjunto, cada um dos quais pode ocorrer com uma probabilidade conhecida.

A incerteza prevalece se são inteiramente desconhecidos os dados da situação ou ainda se a probabilidade dos resultados possíveis não é favorável. A informação qualifica a decisão.

O Quadro 3.1 mostra o resultado alcançado, em função da informação, da decisão e do risco.

Informação	Decisão	Risco	Resultado
Muita	Maior Certeza	Baixo	Esperado
Regular	Certeza	Algum Risco	Possível
Pouca	Incerteza	Alto	Probabilístico

Quadro 3.1: Resultado das Decisões.

3.3 Tomador de Decisão

A tomada de decisão é algo que surge de um processo social contínuo e composto de numerosas pequenas ações, executado por pessoas diferentes, em momentos diversos. Uma equipe de planejamento pode ser muito útil, mas somente se for integrada por dirigentes ativos, de forma que haja livre comunicação e interação.

As decisões são efetivamente tomadas por pessoas que depois serão responsabilizadas pelos resultados alcançados

A Teoria da Decisão afirma que as pessoas tomam decisões, em função do seu nível de percepção. É muito comum o administrador basear sua tomada de decisão em modelos, técnicas, métodos, inferências estatísticas, estudos de amostras e cálculo de probabilidade.

As amostras devem ser escolhidas de modo a serem representativas do universo pesquisado.

Os administradores do alto escalão estão cada vez mais adiando as decisões complexas, até que estejam a par de todos os fatos e que a situação tenha sido completamente estudada. Em situações raras, o executivo recebe um conjunto de alternativas dentre as quais pode escolher. Deve julgar ou escolher a que deve ser usada, mas sempre se espera em tais casos que a assessoria indique sua própria preferência.

O tomador final da decisão pode permitir a seus subordinados maior liberdade e poder, se existirem as seguintes condições nos subordinados:

- Necessidade de independência.
- Disposição para assumir responsabilidades.
- Tolerância para ambiguidades.
- Interesse no problema a resolver.
- Identificação dos objetivos e metas da organização.
- Conhecimento e experiência para tratar do problema.
- Paciência para o momento certo.

A tomada de decisão no nível institucional de uma organização está mais para arte do que para racionalidade, porque são utilizados menos técnicas e mais pragmatismo.

Os gerentes costumam tomar decisões baseados mais em otimismo lúdico do que pesando racionalmente a possibilidade de ganhos e perdas. Superestimam os benefícios, subestimam os custos e constroem cenários de sucesso deixando de lado o potencial de erros. Como resultado, tais pessoas adotam iniciativas que dificilmente cumprirão os orçamentos ou prazos, ou nunca darão retorno.

Os otimistas tendem a viver num mundo de ilusões. Eles, frequentemente, atribuem seus sucessos à própria habilidade e os fracassos à falta de sorte. Os pessimistas, de temperamento angustiado, costumam começar seus projetos, imaginando que tudo vá dar errado. Por isso, trabalham diligentemente sobre todos os detalhes e acabam se saindo melhor.

Dirigentes predispostos ao pessimismo usam sua ansiedade como preparação para o momento em que terão de agir. O pensamento negativo concreto e detalhista pode ajudar os executivos a antecipar coisas, que possam dar errado, e a mais bem planejar para evitar resultados ruins.

O tomador de decisão pode encontrar as seguintes barreiras na sua tarefa:

- Pode não haver políticas preestabelecidas que o auxiliem na tomada de decisão.
- Pode não ter as habilidades requeridas para tomar decisões acertadas.
- Pode não ter tempo suficiente para planejar os passos necessários.
- Pode não conseguir apoio à implementação.
- Pode ter de correr grande risco e obter resultados imprevisíveis.

O comportamento do tomador de decisão pode: ajudar, atrapalhar ou inibir resultados. Assim, se você tem tendência a ser deprimido, deve se dedicar a tomar decisões dentro dos prazos estabelecidos para evitar demoras ou adiantamentos de efeitos danosos. Se, por outro lado, você tem a tendência a tomar medidas de retaliação quando se irrita, deve ouvir conselhos de alguém de dentro ou de fora da sua empresa ou, ainda, adiar a decisão.

Mas se você tem mania de perfeição, deve entender que os resultados são mais importantes do que os métodos. E, finalmente, se você tem uma tendência a ser cauteloso e metódico deve utilizar os modelos de decisão que deram bons resultados no passado.

Que forças o administrador deve considerar, quando tomar decisões:

- Seu próprio sistema de valor?
- Sua racionalidade?
- Sua confiança na equipe?
- Sua própria inclinação para liderar?
- Seus sentimentos de segurança em uma situação incerta?
- Sua intuição?
- Sua firmeza?
- Seu poder?
- Seu conhecimento?
- Sua organização?
- Seu ambiente?
- Seu nível de qualidade?
- Seu mercado?
- Sua atuação?
- Sua premência de tempo?
- Sua satisfação?
- Seus recursos?
- Sua capacidade de reconhecer e definir problemas?

Que fontes de decisão o administrador deve considerar:

Embora não haja regras absolutas, as fontes de decisão, geralmente, se originam de: ordens superiores, apelos dos subordinados, plano organizacional, planejamento estratégico, nível hierárquico, posição na estrutura organizacional, orçamento, oportunidades, ameaças, restrições, contingências, estratégias, táticas, vantagens, desvantagens, pontos fortes, pontos fracos, prioridades, plano de curso e relação custo/benéfico, por exemplo.

3.4 Tipos de Decisão

Uma conceituação das principais decisões ajudará o administrador a enfrentar prioridades e circunstâncias, em função da situação, do problema a resolver e do tempo disponível. As decisões são:

Decisões Administrativas (aplicação do que fazer) – São decisões que podem ser: Importantes (aquelas voltadas ao estabelecimento de objetivos estratégicos); Primárias (aquelas voltadas para políticas, procedimentos e provisão de cargos); Secundárias (aquelas sobre atividades rotineiras).

Decisões Estratégicas (o que fazer) – São decisões que influem nos objetivos que definem a política geral da empresa. Elas são mais difíceis de construir, porque, em geral, as decisões estratégicas permanecem escondidas atrás dos problemas operacionais.

Decisões Táticas (quando fazer) – São decisões que permitem a variação do modo operativo anteriormente escolhido. Elas não têm implicações diretas nos objetivos, mas podem mudá-los.

Decisões Operacionais (como fazer) – São decisões que influem no funcionamento corrente da empresa, pois afetam processos, atividades e tarefas.

Decisões Integrativas (responsabilidade do fazer) – São decisões que se preocupam com a estruturação dos recursos de modo a criar possibilidade de execução para os melhores resultados.

Decisões Programadas (certeza no fazer) – São decisões de rotina e repetitivas que podem ser usadas para situações em que o problema não seja novo. Os dados utilizados são adequados e as condições são consideradas praticamente estáticas. O grau de certeza é grande.

Decisões Não Programadas (incerteza no fazer) – São decisões não estruturadas que podem ser usadas para situações que acarretam novos problemas complexos. Os dados são inadequados e exclusivos. As condições são dinâmicas e o grau de certeza é, praticamente, nenhum.

Decisões Mercadológicas (acomodação ao que fazer) – São decisões que acompanham o sobe e desce do mercado, porque são as principais preocupações que dificultam o planejamento e a tomada de decisão. A solução é estabelecer um planejamento capaz de permitir uma rápida resposta/acomodação ao novo comportamento do mercado.

Decisões Função do Custo (equilíbrio no fazer) – São decisões que facilitam a preparação dos orçamentos, a análise do ponto de equilíbrio (receita = despesa) e a determinação da margem de contribuição. Revelam as mudanças nos lucros em função da variação do volume produzido.

O conhecimento da margem de contribuição fornecerá diretrizes para a seleção de clientes, produtos, territórios e outros segmentos mais lucrativos. Uma das principais decisões a serem tomadas, com base nas informações de custeio, é aquela que se refere ao preço de venda do produto.

Decisões Probabilísticas (estimativa do que fazer) – São decisões que utilizam os princípios da Teoria da Amostragem Estatística e da Teoria da Probabilidade.

Nota: Estes tipos de decisão não são mutuamente excludentes.

3.5 Técnicas e Modelos de Decisão

Os gerentes tomam um grande número de decisões e sob uma ampla diversidade de circunstâncias. Aqueles que não podem discernir entre o importante, o urgente e o que não tem pressa, estão fadados a gastar tempo e energia preciosos em problemas errados e ao fracasso em tomar decisões desnecessárias.

Além de ter ou merecer diferentes prioridades, as decisões diferem em pelo menos outro importante aspecto: a sua qualidade rotineira ou de novidade.

Os Quadros 3.1 e 3.2 relacionam algumas das características de cada tipo de decisão e algumas das técnicas de decisão tradicionais e modernas.

Decisões	Técnicas	Ferramentas
Programadas	Tradicionais	Rotinas, regras, normas, diretrizes, políticas, reuniões, lista de prioridades, fluxogramas, redes, análise do ponto de equilíbrio, análise matemática.
	Modernas	Métodos quantitativos (estatística, e probabilidade), aplicativos em computadores, pesquisa operacional, matrizes, programação, árvore de decisão, sistemas de informação.

Quadro 3.1: Técnicas de Decisões Programadas.

Decisões	Técnicas	Ferramentas
Não Programadas	Tradicionais	Julgamento em grupo, intuição, métodos empíricos, processamento eletrônico de dados, ensaio e erro.
	Modernas	Método heurístico, simulação por computadores, aproximação sucessivas, análise de sistemas, análise estruturada.

Quadro 3.2: Técnicas de Decisões Não-Programadas.

O modelo de decisão é qualquer representação abstrata e simplificada de um processo de decisão. Pelo modelo verifica-se a interligação entre informação e decisão. Os modelos nos permitem elaborar sistemas de tomada de decisão e determinar que informações sejam necessárias para manter tal sistema.

O desenvolvimento de um modelo é fundamental porque ele é um pré-requisito para a análise do valor da informação, e porque é a chave para se compreender que partes do processo decisório podem ser apoiadas ou automatizadas. A seguir, mostramos alguns modelos de tomada de decisão voltados para minimizar o tempo.

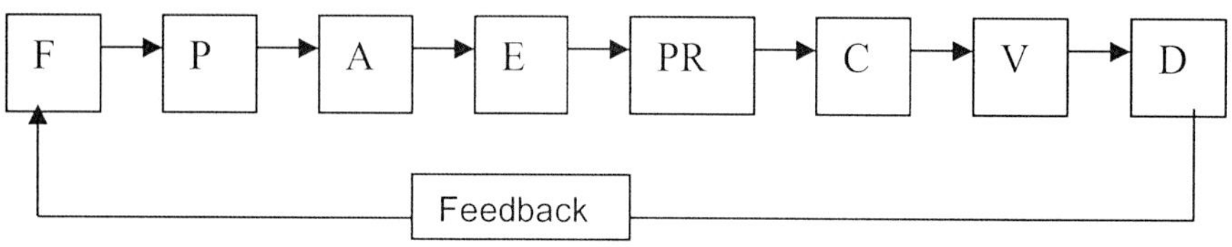

Figura 3.1: Modelo Geral de Decisão.

Onde:
F = Fatores ambientais; P = Problema.
A = Alternativas de solução
E = Efeito da Alternativa Escolhida.
PR = Probabilidade de que cada efeito ocorra
C = Classificação dos efeitos, conforme sua probabilidade
V = Escolha das melhores alternativas; D = Decisão

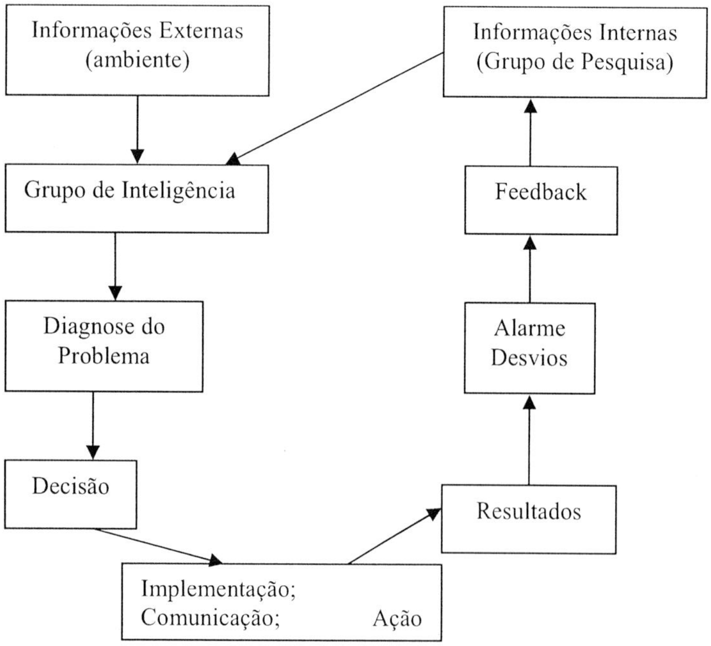

Figura 3.2: Fluxograma de Tomada de Decisão.

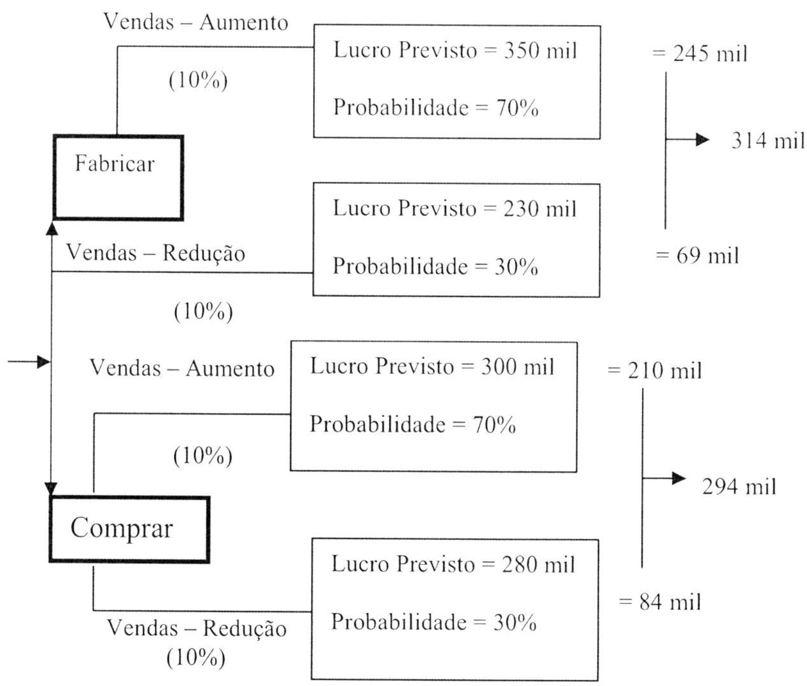

Figura 3. 3: Modelo de Árvore de Decisão para Fabricar ou Comprar.

Probabilidade do Nosso Projeto	Probabilidade do Projeto Concorrente	Resultados
Sucesso de 80%	Sucesso de 70%	Sucesso de ambos: 80% × 70% = 56%
	Falha de 30%	Sucesso do nosso e falha do concorrente: 80% × 30% = 24%
Falha de 20%	Sucesso de 70%	Falha do nosso e sucesso do concorrente: 20% × 70% = 14%
	Falha de 30%	Ambos falham: 20% × 30% = 6%

Quadro 3. 4: Modelo de Árvore de Probabilidade.

Condições	Alternativas							
Idade > 21 Anos	S	S	S	S	N	N	N	N
Sexo (M ou F)	M	M	F	F	F	M	F	F
Peso > 80 Kg	S	N	S	N	S	N	S	N
Medicação A	*				*			*
Medicação B							*	
Medicação C			*			*		*
Não Medicação		*		*				

Quadro 3. 5: Modelo de Tabela de Decisão de Medicação para Emagrecimento.

Critérios	Produto A	Produto B	Produto C	Produto D
Vendido em Supermercado	Sim	Não	não	sim
Vendido em Drogarias	Sim	Sim	sim	sim
Consumidores Femininos	Não	Não	sim	sim
Embalado Facilmente	Não	Sim	não	sim
Vendido por mais de $ 3,00	Não	Sim	não	sim
Faturamento no Varejo > $ 500,00/mês	Sim	Não	não	sim
Alternativa Escolhida				*

Quadro 3. 6: Modelo de Tabela de Decisão para Novo Produto.

3.6 Processo Decisório

Uma boa maneira para poder começar a entender o processo de tomada de decisão é fazer uma abordagem idealizada e totalmente racional do problema, comparando o ideal com o real.

A tomada de decisão está relacionada à solução do problema, que é a diferença entre o seu estado presente e o desejado. Assim, o processo decisório é aquele que escolhe as diretrizes que vão nortear as ações do sistema, no sentido de mudá-lo do estado presente para o estado desejado (objetivo, por exemplo).

A tomada de decisão, na realidade, faz cessar a consideração ulterior de soluções possíveis e se compromete com uma alternativa específica, visando solucionar um problema.

O processo de decisão não deve ser considerado como um sistema mecânico com diferenciações e relações precisas. Interações sociais informais, ou não planejadas, entre os administradores são parte integral do sistema de decisões. As interações podem facilitar ou impedir o processo de decisão, mas elas não podem ser eliminadas das organizações.

As pessoas agem como se os problemas empresariais fossem resolvidos por um único cérebro. As decisões têm um caráter descentralizado na sua essência, já que ninguém poderá sozinho controlar as decisões em todos os níveis de uma organização. Para decidir qual o caminho a tomar para a solução de um problema empresarial, normalmente deve-se agir com maturidade, objetividade e método.

Uma metodologia na solução de problema pode ser: Defina com clareza o problema; Enumere as variáveis e estabeleça relações; Analise a situação e formule alternativas de solução; Escolha a melhor, e também possível, alternativa; "Venda" a solução para baixo e para cima da estrutura organizacional; Elabore um relatório; Implante a decisão e verifique resultados.

3.7 Premissas da Decisão

A seguir, são colocadas algumas premissas que ajudarão ao tomador de decisão a poupar esforço, recurso e tempo:

- É bastante conveniente ter um sistema de informações de apoio à tomada de decisão.
- Quanto mais dados forem obtidos para a decisão, menor é o tempo disponível para seu uso eficaz.
- Com o aumento de informações, a necessidade de pensar se intensifica.
- Quanto mais necessários forem os elementos de decisão, mais suas consequências restritivas devem ser compensadas por um estilo mais liberal de agir.
- Quando não há alternativas para alcançar um objetivo, não existe o problema da tomada de decisão.
- Parte da função administrativa decisão consiste em auxiliar e encorajar o desenvolvimento de meios para a obtenção de um bom resultado.
- Uma escolha entre muitas alternativas é, provavelmente, melhor do que a realizada entre poucas.
- Na tomada de decisão é preciso escolher, dentre as muitas alternativas, as que realmente são relevantes.

- O propósito da criação de alternativas é permitir que os objetivos da empresa sejam alcançados da melhor forma possível.
- É necessário avaliar a extensão de uma decisão e quem ela afeta.
- A natureza das decisões demonstra que você precisa aprender "como", mais do que "o que" pensar. É isso que impulsiona a tomada de decisão.
- A experiência prévia de quem toma a decisão pode não ser guia adequado.
- Quem toma a decisão pode não ter tempo suficiente para planejar os passos necessários à implementação.
- Talvez haja um fator de grande risco com resultados imprevisíveis.
- A tomada de decisão que ultrapassa um determinado tamanho não pode ser entendida sem primeiro reconhecer que se trata de um processo de cooperação.
- O processo de tomar decisões é de aproximações sucessivas e de refinamento constante, onde a marcha do tempo é essencial.
- Cada nível da hierarquia recebe certa parcela da responsabilidade na decisão global.
- Ao perseguir seus próprios interesses particulares os dirigentes são levados a tomar decisões que promovem o bem-estar de toda a empresa.
- Os seres humanos tomam decisões, independentemente, de sua posição dentro de uma organização.
- Numa situação não-estruturada o tomador de decisão deve fornecer julgamento e avaliação, bem como suas percepções para a definição do problema.
- Numa situação muito estruturada, grande parte do processo de tomada de decisão, se não todo, pode ser automatizado.
- O subsistema de controle estará sempre presente na tomada de decisão.

3.8 Programa de Decisão

A seguir, um programa de decisão que, certamente, ajudará o leitor na tomada de decisão:

01 – Perceba a situação que exige uma decisão.
02 – Analise fatores externos e internos.
03 – Identifique o problema.
04 – Observe constantes, parâmetros e variáveis.
05 – Crie uma simbologia/nomenclatura.
06 – Selecione as variáveis para desenvolver um modelo.
07 – Distinga as variáveis controláveis das não-controláveis.
08 – Estabeleça relações entre variáveis.
09 – Estabeleça diretrizes baseadas na coleta de dados.
10 – Procure alternativas de solução.
11 – Estude os efeitos das alternativas.
12 – Estude a probabilidade de acerto.
13 – Avalie e compare as alternativas.
14 – Escolha a melhor alternativa.
15 – Escolha o método (modelo) para implementação da decisão.
16 – Preveja o comportamento das variáveis não-controladas.
17 – Consiga soluções baseadas no modelo.
18 – Teste o modelo.
19 – Revise o modelo quando necessário.
20 – Assegure-se de que a decisão é necessária.
21 – Implemente a decisão.
22 – Avalie resultados.
23 – Faça correções.

3.9 Risco

O risco é toda e qualquer possibilidade de uma decisão, política, estratégia, plano, projeto não dar certo. Assim, se torna importante todo esforço para minimizá-lo. Numa economia dinâmica, livre e competitiva, o risco é inevitável.

Desafia constantemente a argúcia dos empreendedores e sua estimativa correta é muito difícil. Expõe o negociante ao perigo de prejuízo financeiro, que pode ser causado por deterioração física, roubo, danificação, perda, alterações de oferta ou procura e oscilações do nível de preços.

Executar projetos é diferente de executar uma rotina já consagrada, visto que estamos, constantemente, enfrentando situações inesperadas e turbulências do ambiente e do mercado. Ademais, o que caracteriza o futuro é a incerteza.

Os riscos de fracasso rondam, permanentemente, o analista, o empreendedor e o gestor. Deve-se levar em conta que qualquer investimento tem uma expectativa de risco. Mas este deve ser o mais bem calculado possível.

O elemento de risco está presente, em certo grau, em todas as decisões administrativas. O involuntário e o imprevisível podem reduzir lucros ou causar prejuízos financeiros, que podem ser reduzidos ao mínimo ou evitados com planejamento e análise apropriados.

Somente com uma análise do risco pode-se criar a atmosfera de redução de risco e incerteza. Portanto, reprimir a incerteza é evitar conhecer que tipos de fatores externos incidem e possivelmente continuarão a influenciar a organização.

Decidir no escuro é um ato de grande risco, mesmo que o ambiente nos forneça algum grau de certeza.

Muito embora o cálculo de risco tenha perdido importância nos últimos anos, principalmente. Devido à pouca confiabilidade e à complexidade das técnicas de quantificação e do cálculo da probabilidade, é bom fazer uma apreciação do seu tratamento.

O tratamento do risco se dá, principalmente, da seguinte maneira:

Absorção do Risco – Quando uma empresa especula com seu estoque em busca de pequenos lucros, o perigo de prejuízos decorrentes pode tornar aconselhável uma política de absorção plena do risco.

Redução do Risco – Várias técnicas podem ser utilizadas para reduzir os riscos. Uma empresa pode: mudar a sua estrutura organizacional; aperfeiçoar métodos, processos e procedimentos; aumentar a eficiência; lançar mão de novas informações, análises, previsões, medições, pesquisas e novas tecnologias; treinar pessoas.

Transferência do Risco – A transferência dos riscos pode ser por:

- Rateio dos riscos (as empresas de seguro, em troca do prêmio, assumem os riscos).
- Desvio do risco (pela venda o risco é passado ao comprador).
- Transferência do risco (o risco pode ser transferido por contrato).
- Governo assume o risco (é comum na agricultura o governo assumir riscos).
- Bolsa de mercadorias assume o risco (é a venda para entrega futura).

A seguir, são mostrados dois modelos clássicos de controle do risco: fluxograma de risco e avaliação do risco.

Modelo do Fluxograma de Risco – O fluxograma de risco ajuda a tomar decisões relativas ao valor do risco.

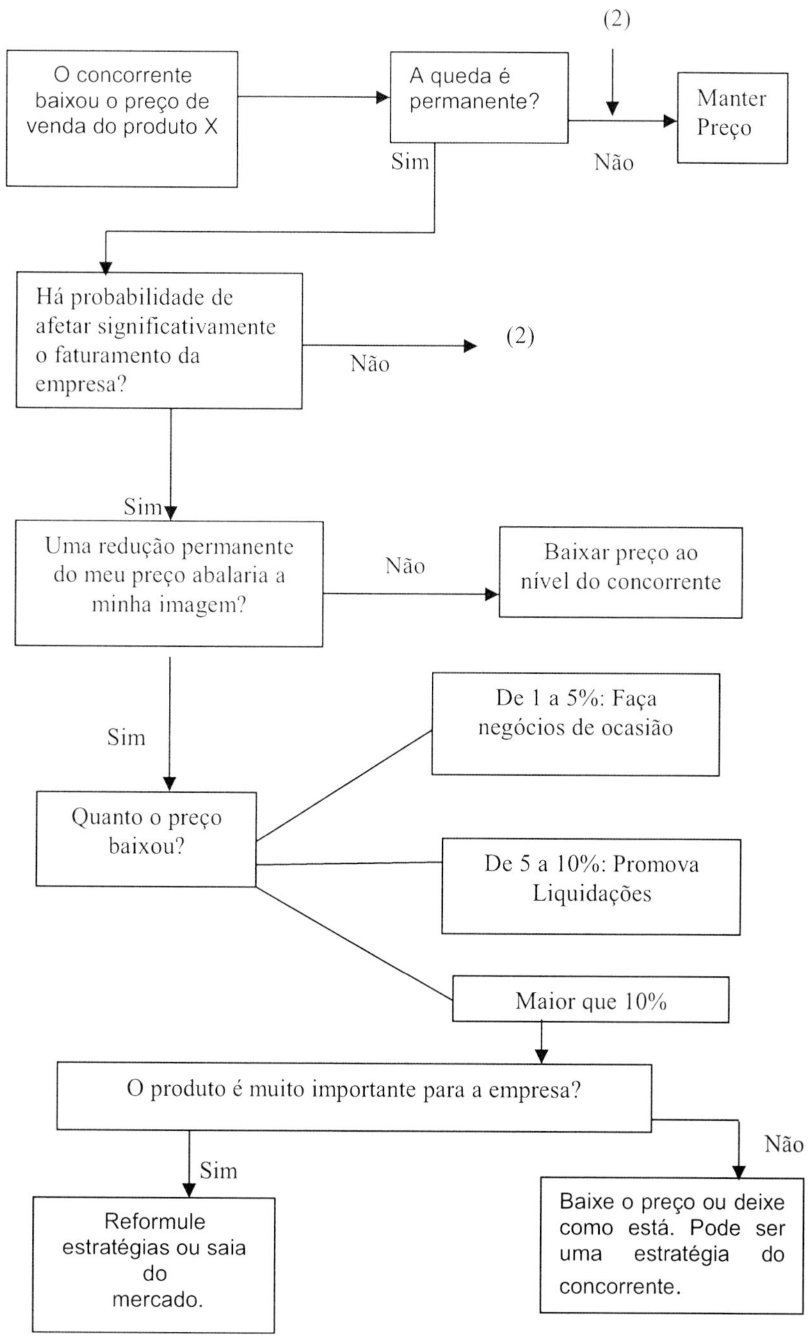

Figura 3.4: Modelo de Fluxograma de Risco.

Modelo de Avaliação de Risco – O quadro de risco pressupõe uma dinâmica para tornar eficiente um mecanismo de controle do risco de um projeto.

Fonte de Risco	NA	P	M	A	Como Evitar
Situação inesperada.					Procure pesquisar com antecedência.
Alto grau de incerteza do ambiente.					Leia o cenário.
Prazos não atendidos.					Faça um cronograma realista.
Custos maiores que os previstos.					Procure processos mais bem elaborados.
Falta de coordenação.					Capacite o gerente do projeto para as funções administrativas.
Aceitação imediata.					Procure mostrar a necessidade da análise.
Demissões e doenças.					Escolha melhores recursos humanos.
Entusiasmo exagerado.					Procure agir de forma incremental (fase a fase).
Desilusão					Procure negociar e motivar constantemente.
Punição					Evite caçar culpados, pois é uma atitude estéril.
Falta de qualidade.					Ofereça especificações técnicas que possa atender.
Não aceitação do público-alvo; dificuldade de interfaces.					Faça testes preliminares, solicite a participação do usuário.
Não comprometimento da alta administração.					Procure mandar relatórios sobre o progresso do projeto e quanto a empresa pode lucrar.
Faltam recursos e fornecedores.					Monte um plano preliminar, orçando as necessidades de novos recursos.
Falta de poder do gerente do projeto.					Coloque uma pessoa com conhecimento técnico e com habilidade de lidar com pessoas.
Tecnologia ultrapassada.					Adquira conhecimento, antes de começar o projeto.
Dificuldade de efetuar alianças.					Estude negociação.
Recursos humanos.					Treine as pessoas a terem uma visão estratégica e conhecimento interdisciplinar.

Quadro 3.7: Modelo de Avaliação do Risco.

Onde:

NA = Não se aplica
P = Pequeno grau de risco
M = Médio grau de risco
A = Alto grau de risco

Capítulo 4

Tempo Executivo

"A vida humana tornou-se demasiadamente longa para a velocidade com que as mudanças se processam."

George Kennan

Objetivos do Capítulo

- Mostrar que você pode aprender a administrar o seu tempo, através de regras simples.
- Mostrar que a maioria das pessoas faz uma apreciação inadequada do tempo.
- Mostrar uma metodologia orientadora para controlar a utilização do tempo.

4.1 Executivo

O executivo ao assumir uma atribuição importante deve obter de seus superiores uma clara, concisa e inequívoca declaração, por escrito, de seus deveres, responsabilidades, relações, prestações de conta e âmbito da autoridade. Este documento é absolutamente essencial para que não faça mais tarde a humilhante e frustradora descoberta de que os parâmetros de seu serviço foram mudados, muitas vezes, sem que fosse avisado.

Ele pode ter sido levado a acreditar no início que tinha certas responsabilidades e autoridade correspondente para desincumbir-se delas. Posteriormente, pode vir saber que não tem tal autoridade e que algumas pessoas que lhe deveriam prestar contas, na realidade, não o fazem. Pode descobrir que figurativamente foi "castrado".

Toda sua autoridade lhe foi tomada, deixando-o impotente. Se, quando protesta, não pode documentar suas acusações com um compromisso escrito, provavelmente, lhe dirão: "Você entendeu mal nosso acordo original".

O executivo deve ter excepcional cuidado para encontrar subordinados que combinem competência com segurança, transparência, honestidade, fidedignidade e lealdade. Muitos altos executivos são vulneráveis à sabotagem por parte de seus subordinados. Isso acontece especialmente quando o mesmo vem de fora e não sabe onde os cadáveres estão enterrados ou em que armários os esqueletos podem ser descobertos.

É por esta razão que ele deve ser cuidadoso na escolha de seus subordinados imediatos. Em consequência, o executivo politicamente astuto procura subordinados que não apenas tenham as aptidões técnicas exigidas, mas sejam também, até certo grau, passivos, independentes e submissos. Sua lealdade, frequentemente, é um eufemismo de docilidade.

Executivos tendem a ser cônscios da segurança e propensos a formar uma relação de dependência com seu chefe. Se o chefe ocupou sua posição há muitos anos, criou um grupo submisso e provavelmente o processo de administração se deu por tentativa e erro. Mas quando ele vem de fora ou assume o cargo em resultado de uma fusão/aquisição, com frequência tende a trazer consigo seus próprios colaboradores ou dar preferência a homens que conhece e com os quais trabalhou anteriormente.

O executivo, em negócios, como na diplomacia, deve estabelecer alianças, o mais importante estratagema de poder. Quanto mais puder criá-las melhor.

Estabelecer várias espécies de relações com superiores, proprietários, acionistas influentes, pares e subordinados é fundamental. Embora essas pessoas possam não ser fontes diretas de poder para ele, podem, muitas vezes, ser valiosas como meios suplementares de apoio e informação. Entre seus contatos devem estar incluídas figuras do seu setor econômico, da associação patronal e do governo.

Um bom meio de assegurar apoio de seus pares é identificar metas e objetivos comuns. Criar um canal informal de comunicação com os subordinados, provavelmente, será de grande valia.

O executivo deve reconhecer o poder do bolso. Saber que o melhor controle que pode exercer sobre seus subordinados é financeiro. Por isso deve se colocar na posição em que todos os orçamentos dependam de usa aprovação.

Nada é tão eficaz para lidar com uma pessoa recalcitrante do que lhe negar apoio financeiro. Compreender a importância crítica de canais de comunicação claros e críveis, em todos os níveis de seu pessoal para cima e para baixo. Sem tais canais é uma pessoa isolada que não sabe o que está transpirando em sua empresa.

Suas ordens serão ouvidas apenas parcialmente por seus subordinados, serão mal compreendidas e raramente executadas. Ele deve reconhecer que muitos de seus funcionários têm fortes motivos para ocultar-lhe a verdade e obstruir ou deformar suas comunicações para baixo.

Para superar deficiências de comunicação, o executivo precisa não depender excessivamente de sua hierarquia de assistentes, muitos dos quais absolutamente não são centros de comunicação, mas barreiras a ela. Sempre que possível, o executivo deve ir a seu pessoal diretamente, apresentando-lhe relatos sobre a situação da empresa e encorajando a realimentação, mesmo que sejam manifestações de descontentamento.

4.2 Regras para Controlar o Tempo

A seguir são apresentadas regras que ajudarão você a controlar o seu tempo:

Analisar o Tempo Consumido – Você deve verificar o consumo de tempo da jornada diária de trabalho, pelo menos durante uma semana, realizando observações e avaliações relativas a períodos de 30 minutos. Isto é, aquilo que foi efetivamente realizado, desenvolvido ou construído.

Deverá repetir o estudo pelo menos uma vez por mês para aferir as possíveis variações de comportamento e de desempenho, a fim de dispor de um parâmetro que possibilite melhor programação e controle.

Desenvolver uma Ação Preventiva – Como o tempo é fator irreversível, deve ser estudado, destinado, programado e aproveitado através de uma preparação antecipada. Caso contrário, o executivo perderá a oportunidade e não poderá aproveitar a disponibilidade do tempo que decorre rapidamente, inserindo nele o que de mais útil puder fazer, em função do objetivo preestabelecido.

Equivale a dizer que deverá sempre dispor de uma alternativa bem estudada para não perder a oportunidade e o tempo.

Implantar o Planejamento Integrado – A distribuição das atividades deve ser estudada e compatibilizada com os interesses pessoais, profissionais e sociais, harmonizando e sincronizando os diferentes processos administrativos, no sentido da consecução dos objetivos previamente hierarquizados.

Cada hora gasta no estabelecimento de planos e de preparação do trabalho equivale a uma economia de quatro a vinte horas na sua execução. Dependendo do trabalho, menos economia nos criativos e mais nos repetitivos.

Persistir na Perseguição dos Objetivos – Há grande perda de tempo, quando a pessoa deseja realizar muitas atividades concomitantemente, porque interrompe as já iniciadas, muitas vezes perdendo o trabalho de preparação e ainda esquecendo de acompanhar o desempenho dos subordinados.

Quando o dirigente determina algo e não cobra sua execução no prazo, ao subordinado designado, atesta incompetência. A melhor forma de não esquecer de cobrar na hora certa é dispor de um arquivo de follow-up (acompanhamento para assuntos pendentes a serem tratados no momento certo) eficientemente.

Estabelecer com Antecedência Prazos – A primeira condição para disciplinar o trabalho é estabelecer com antecedência prazos certos para cada meta ou tarefa através de cronogramas, mesmo que tenham de ser reformulados posteriormente, e exigir prazos dos subordinados.

Todavia, é difícil para o chefe impor datas precisas para serem cumpridas ou ultimar as próprias responsabilidades que devem ser decompostas em fases ou etapas bem definidas, caracterizadas e, sempre, marcadas num cronograma que evidencie os compromissos assumidos.

Dispor de Alternativas – Todas as pessoas organizadas têm objetivos bem caracterizados e lutam obstinadamente para alcançá-los. Devem, pois, programar alternativas que possibilitem utilização de forma adequada do tempo destinado à determinada atividade.

Quando ela não puder ser realizada por qualquer razão, precisamos dispor da possibilidade de realizar outra atividade em lugar da principal, que foi bloqueada ou impedida, o que objetiva não perder tempo.

Dispor de Flexibilidade – O tempo é o mais precioso e imperativo fator que o homem utiliza. Consequentemente, é necessário que o executivo programe e disponha de folgas para poder encaixar as solicitações ou exigências inadiáveis, que podem surgir de emergências compulsivas e que devem ser atendidas sem desarrumar a programação geral, considerando que a sua reformulação, além de trabalhosa, ainda consome muito tempo.

A conjuntura é dinâmica e exige novas ações que, muitas vezes, não podem ser adiadas, sendo necessário executá-las na hora adequada.

Evitar Superposição – Todas as tarefas que tiverem semelhança ou compatibilidade devem ser integradas em sequência lógica e num determinado período de tempo, a fim de diminuir o nível de interrupções e possibilitar a melhor utilização dos recursos e dos esforços disponíveis.

É necessário que o gerente estude e congregue somente as atividades que racionalmente tenham afinidade e possam ser interligadas, considerando-se a sincronização dos diferentes fluxos de informação que pressionam e são necessários para as tarefas prioritárias.

Concentrar Esforços – É necessário escolher dentro das metas preestabelecidas aquelas que possam funcionar, quando alcançadas, como agentes multiplicadores, isto é, podem servir de apoio às posteriores, na realização de uma ação realmente forte, objetivando ultimá-las e possibilitar usá-las como alavanca para vencer as demais.

É importante lembrar que cerca de 20% das tarefas geralmente produzem 80% dos resultados (Lei de Pareto) e que é decisivo não dispensarmos esforços exagerados em relação a elas. A dispersão da atenção e dos esforços é causa do fracasso de muitas pessoas inteligentes e obstinadas.

Perseguir a Eficiência para Chegar à Eficácia – Eficiência consiste na realização correta de um trabalho dentro da metodologia preestabelecida. A eficácia consiste em dispor e seguir uma metodologia certa através de rotinas, modelos ou soluções criativas, para que venha produzir bons resultados.

O trabalho, embora eficiente, será ineficaz quando realizado segundo metodologia errada, provocando conflitos, reações negativas e resultados indesejáveis.

Implementar a Descentralização e a Delegação – O trabalho tende sempre a crescer e o chefe a ficar envolvido. É necessário, então, criar microestruturas operacionais, através de descentralização, todas às vezes que o volume estiver prejudicando a qualidade da tarefa.

Assim, os funcionários devem receber atribuições explícitas e autoridade suficiente através de instruções formais de delegação.

Estudar Detalhes – Você deve selecionar e estudar cuidadosamente os detalhes importantes minuciosamente, os pontos críticos das rotinas, assim como controlar diretamente o desempenho e a aproximação dos pontos irreversíveis, pois quando ocorre erro, estes passam a ser irrecuperáveis face à impossibilidade de retorno ao ponto inicial, exigindo a suspensão do trabalho.

O executivo deve ler e saber o estritamente necessário e ignorar qualquer informe ou dado que não seja útil ao processo decisório em que está trabalhando.

Hierarquizar Problemas e Procedimentos – Você terá de selecionar o que deve ler e estudar, mesmo conhecendo leitura dinâmica, para não perder tempo com o que não é essencial. Deverá analisar, determinar e responder aquilo que for imprescindível através de hierarquização racional, definindo o trabalho mais importante.

É necessário saber quais os problemas que podem ser adiados ou contornados. Embora possa parecer desídia, aplicar a técnica da negligência calculada pode dar resultado, isto é, não destinar tempo àquilo que não precisa ser realizado.

Controlar Seletivamente – Quem quer controlar tudo acaba perdido num cipoal de detalhes não representativos. O chefe deve selecionar racionalmente os parâmetros e resultados satisfatórios e encontrar formas engenhosas de obter os dados importantes de que necessita através de procedimentos aparentemente ilógicos, para que os subordinados não possam controlar as suas atividades.

É ridícula e insustentável a posição do chefe quando aquele que deve ser controlado pode controlar o próprio sistema de controle. Por essa razão todo controle deve ter uma aparente característica ilógica.

Utilizar Gráficos – Você deverá ter diante de si, de forma que a visualização seja fácil e permanente, todos os gráficos, dados, padrões, parâmetros, programações, prazos, que lhe possibilitem comparar os resultados, aos quais dará atenção especial, através de símbolos, marcas e sinais, de maneira a ter a atenção constantemente despertada, pois só desempenhamos bem aquilo que vemos que precisa ser realizado.

É preciso ter diante dos olhos o que necessita ser feito para refrescar a memória. A melhor forma de fracassar é confiar inteiramente na memória para guardar atos, fatos e dados.

Assumir os Problemas – É importante não fugir dos problemas, pois eles sempre crescem com o tempo e muitos se tornam de difícil solução. A resolução rápida, mesmo não sendo a melhor, desde que não seja uma imprudência, verdadeiro salto no escuro, é mais eficaz do que a pesquisa mais sofisticada ou um processo decisório muito mais elaborado, todavia demorado.

O dirigente não pode fugir aos problemas dizendo que o tempo é o melhor remédio, como a frase conhecida: *Deixa estar para ver como vai ficar.* Ele deve enfrentar as situações e procurar decidir rapidamente, buscando a melhor decisão, o que é obrigação intransferível de qualquer executivo.

Trabalhar com Tranquilidade – Não adianta a pressa tumultuada que gera ações impulsivas, que resultam em tensão pela opressão da urgência. As pessoas que aceitam a cilada das decisões emocionais acabam cometendo grandes erros e chegando ao estresse.

O atendimento das emergências deve ser racionalmente estudado, com brevidade, todavia, sem emoção e considerando os objetivos no longo prazo, para não prejudicar a política e o planejamento estratégico da organização. Rapidez não significa precipitação, imprudência, objetividade e pragmatismo.

Programar as Interrupções – As interrupções do trabalho constituem problema sério de qualquer executivo. Deve procurar discipliná-las e quando for inevitável marcar precisamente onde interrompeu para poder continuar posteriormente sem perder tempo.

É preciso ter uma *indisponibilidade planejada* para meditar, estudar, analisar e escrever. Muitas instituições reservam uma hora diária em que nenhum executivo ou pessoa estranha pode incomodar o outro. Algumas delas possuem refúgios, como salas especiais sem telefones e sem acesso de visitantes, para trabalhos que exijam atenção e reflexão.

Selecionar o Relevante – Os executivos devem dedicar mais tempo aos assuntos relevantes, em função dos propósitos da organização. Devem estudar as anormalidades e sempre procurar, além de obter soluções, conhecer a causa dos principais problemas para tomar providências acauteladoras.

Selecionar os aspectos importantes e analisar cuidadosamente as exceções para evitar a administração por crise, muitas vezes dramatizando as situações e buscando grandes soluções para problemas menores, objetivando demonstrar a sua capacidade.

As soluções espetaculares e geniais, muitas vezes, produzem consequências desastrosas no futuro.

Assumir Erros – Procurar esconder ou camuflar os erros consome tempo e cria um clima de desconfiança. Eles devem ser detectados através da retroalimentação, colhendo na reação as informações regeneradoras, que uma vez rejeitadas no processo decisório, evitam a permanência ou aumento das distorções.

As reformulações devem ser feitas com cuidado, respeitando a política e o planejamento estratégico da organização, mas com rapidez necessária para não aumentar a altura da queda.

Capitulo 5

Tempos e Movimentos

"Não há dúvida de que a tendência do homem comum, em todos os atos de sua vida, é trabalhar devagar e comodamente e só depois de pensar e observar bem a esse respeito ou como resultado de exemplo, consciência ou pressão exterior, ele adota um ritmo mais rápido."

Frederick W. Taylor

Objetivos do Capítulo

- Mostrar a importância do estudo de tempos e movimentos.
- Apresentar exemplos de observações, cronometragens e levantamentos dos tempos das atividades.
- Mostrar ferramentas para economizar e eliminar movimentos desnecessários.
- Mostrar que o executivo só será efetivo se considerar o estudo dos tempos e movimentos em seu trabalho na organização.

5.1 Tempos e Movimentos

Tempos e movimentos é uma subfunção da função administrativa organização, onde se determina, de maneira racional, o método de realização de um determinado trabalho, em função do tempo de execução.

A história e desenvolvimento do planejamento de métodos e processos mais racionais para a execução de uma tarefa são, em princípio, tão antigos quanto o próprio homem, pois o ser humano sempre se dedicou a eliminar ou diminuir o esforço desnecessário na execução de qualquer trabalho.

É creditada a Taylor a primeira determinação analítica de métodos de trabalho, sendo, inclusive, a expressão *Estudo de Tempos* a ele atribuída. Frank e Lilian Gilbreth desenvolveram uma análise mais profunda daquilo que consideravam como elementos fundamentais do movimento.

Estudaram em separado esses elementos, relacionando-os uns com os outros, para, em seguida, reagrupá-los, desconsiderando-os desnecessários. Denominaram seu trabalho de *Estudo de Movimentos.*

Allan H. Mogensen, engenheiro de produção, definia a simplificação do trabalho como sendo uma aplicação organizada do senso comum, na busca de modos mais racionais de executar qualquer trabalho, indo desde a eliminação de pequenas operações manuais desnecessárias, até mesmo a uma mudança no arranjo físico da fábrica, da oficina ou do escritório.

O estudo dos tempos e movimentos além de permitir a racionalização dos métodos de trabalho e a fixação do tempo-padrão para a execução de uma tarefa, trouxe ainda outras vantagens, tais como:

- Eliminou os movimentos inúteis.
- Tornou mais racionais a seleção e treinamento de pessoal.
- Melhorou a produtividade.
- Distribuiu uniformemente o trabalho.
- Passou a pagar melhores salários, em função da produção.
- Enxugou custos.
- Adaptou melhor o homem a sua tarefa
- Eliminou desperdícios e estabeleceu normas detalhadas.

H. B. Maynard, após observar e concluir que o objetivo de todos aqueles que trabalhavam nessa área era conseguir a máxima efetividade do trabalho e isso não tinha condições de ser obtido através de tentativas isoladas da análise dos movimentos dos operadores, cronometragens extensivas, mas através da fusão e consolidação de todas estas técnicas.

Nunca é demais lembrar que qualquer projeto coloca como preocupação o tempo de atendimento ao usuário/consumidor/paciente, ou seja, o quanto o projeto é efetivo para as necessidades de seu público-alvo e que método científico utilizar para a realização de um determinado trabalho.

Os principais objetivos do estudo de tempos e movimentos são:

- Reelaboração da tarefa para fazer com que os movimentos sejam mais simples e mais rápidos.
- Desenvolvimento de padrões mais eficientes de movimento para os trabalhadores, de modo que possam fazer o trabalho mais rapidamente e com menos fadiga.
- Estabelecimento de padrões para que certas tarefas sejam usadas como base para a determinação de escalas de pagamento e como critérios de avaliação dos funcionários.
- Desenvolvimento de uma descrição completa de tarefas para ajudar no processo de recrutamento e seleção de novos funcionários, orientação e treinamento dos mesmos.

5.2 Estudo de Tempos

O primeiro a se preocupar com os tempos e que procurou estudá-los foi Taylor. As experiências deste engenheiro davam muita importância aos tempos de execução das tarefas. Tal estudo consiste na medida do trabalho necessário para o desenvolvimento de operações, definidas através de padrões de execução e de habilidades profissionais.

O conhecimento completo e analítico dos métodos de trabalho e dos valores dos tempos respectivos permite a definição de padrões operativos, essenciais para julgar o desenvolvimento futuro das operações.

Esse estudo objetiva conhecer o tempo necessário para o desenvolvimento de um trabalho (tarefa, atividade, processo) e, portanto, avaliar a eficiência operativa. Irá, pois, consistir na medida do trabalho necessário para o desenvolvimento de operações definidas por meio de padrões de execução e de habilidades profissionais. Tais padrões, sejam eles relativos ao trabalho humano ou mecanizado, têm por finalidade:

- Determinar dados de programação e custo-padrão.
- Controlar custos de produção, produtividade, eficiência operacional e folgas em redes de planejamento.
- Racionalizar recursos e aplicações.

Pesquisas internacionais revelam que as empresas consomem, em geral, 40% a mais do tempo administrativo que seria necessário, tornando-se, portanto, mais lentas e menos competitivas, em decorrência dos elevados custos e da morosidade no processo decisório.

Os mecanismos burocráticos cresceram de uma forma descontrolada, passando a representar uma ameaça à eficácia das empresas (Lei de Parkinson).

Assim, é recomendado que o leitor tome conhecimento dos principais tipos de tempo:

Tempos Históricos – São os tempos realmente consumidos na execução do trabalho, mas não indicam paradas e métodos de trabalho.

Tempos por Cronometragem Direta – São muitos usados, até hoje, nas empresas, tanto que serão estudados mais adiante.

Tempos Predeterminados – São tempos aferidos em laboratório e tabelados.

Tempos de Amostragem do Trabalho – São frutos de observações, onde se calcula o percentual do tempo gasto em cada atividade.

Tempos Estatísticos – São tempos calculados, em função do desvio padrão (curva de Gauss).

O levantamento de tempos é considerado um estudo em que os dados de tempo são conseguidos por meio de técnicas e de métodos, tais como:

Observação – A observação é um método amplamente utilizado pelo homem desde as mais remotas eras. Este método ligado ao senso comum geralmente não é estruturado nem planejado. Na maioria das vezes, ocorre de forma casual, a partir de fatos da realidade que despertam algum interesse.

As observações podem ser registradas, possibilitando uma investigação posterior mais detalhada.

Estimativa – Sempre que as técnicas acima mencionadas se revelarem ineficazes, insuficientes ou inaplicáveis, faz-se necessário utilizar estimativas. Isso é verdade, particularmente, quando se enfrenta a tarefa de levantamento de dados referentes à volume de trabalhos ou de custos operacionais de uma seção, departamento ou empresa.

Neste caso, devem-se fazer estimativas quanto às quantidades consideradas e procurar meios e processos que permitam verificar a precisão das mesmas.

Amostragem – Em um relacionamento das técnicas mais importantes de coleta de dados, não se pode deixar de citar a amostragem, que consiste na escolha de determinadas partes ou de determinados instantes na execução de um serviço para a observação ou contagem.

Essa observação será realizada em número relativamente pequeno, de vez que os resultados obtidos serão considerados como representativos do processo global do trabalho. Determinadas precauções precisam ser tomadas para evitar resultados que se afastem demasiado da realidade, como, por exemplo, tomar um pico de vendas como amostra.

Cronometragem – A cronometragem é importante para se saber o tempo gasto num determinado trabalho, visando, principalmente, o custo desta mão-de-obra ou de processo. Para facilitar a avaliação da regularidade de um tempo de trabalho, utiliza-se o cálculo da taxa de variabilidade do elemento cronometrado.

Fundamentalmente, para efeito de um racional exame dos tempos, é necessário realizar uma prévia repartição do trabalho a medir, em elementos de fácil individualização e a determinação dos momentos de início e fim de cada estudo.

É conveniente, pois, como fase preliminar, dedicar-se ao estudo das operações, a fim de determinar e definir o seu ciclo executivo.

Entendemos por ciclo o conjunto de elementos que constituem uma sucessão característica e completa, cuja repetição de todo o trabalho venha a se desenvolver. Tais elementos podem ser:

- Em relação à regularidade de apresentação, podendo ter elementos repetitivos, elementos ocasionais e elementos estranhos.
- Em relação à regularidade quantitativa distinguem-se os elementos constantes e os elementos variáveis.
- Em relação à regularidade qualitativa pode-se ter elementos acima ou abaixo da média.

5.3 Tempo-Padrão

Padrão é uma unidade de medida (ou modelo) adotada e aceita comumente como critério para avaliação de desempenho. Os padrões representam o desempenho desejado e estão sempre relacionados com o resultado que se deseja alcançar.

Tempo-padrão é o tempo necessário para ser executada uma operação de acordo com um método estabelecido, em condições determinadas, por um operador apto e treinado, possuindo habilidade média, trabalhando com esforço médio, durante as horas de serviço. Pode ser calculado da seguinte forma:

Da série de tempos levantados, excluem-se as distorções. Se a série for: 8, 10, 10, 9, 14, 10, 8, 20, 11 e 12, por exemplo, os elementos 14 e 20 devem ser excluídos. Calcule o tempo médio. Repete a operação, várias vezes, anotando os resultados dos tempos médios.

Nota: Durante a execução do trabalho deve-se levar em consideração: ritmo, demora, parada, fadiga e tolerância. O tempo-padrão pode ser maior ou menor do que o tempo médio.

Em linhas gerais, o processo de padronização se realiza, através das fases:

Estabelecimento de Padrões – Nesta fase são estabelecidos padrões (resultados desejados) de desempenho como base de comparação com os resultados obtidos. Os padrões podem ser expressos em tempo, dinheiro, qualidade, custo, quantidade ou índice. Podem ser tangíveis, intangíveis, vagos, específicos, explícitos e implícitos.

Simplificação – Esta fase consiste em reduzir a variedade ou diversidade, tanto de produtos, quanto de materiais ou serviços. A simplificação vale também para processos, tarefas e movimentos, embora haja uma pressão esmagadora para que tudo se complique.

Especificação – Esta fase consiste em fazer uma descrição detalhada das características e propriedades de bens e serviços. Muitas vezes, a especificação depende de ensaios em laboratório.

Adoção do Padrão – Esta fase consiste em adotar um padrão, podendo implicar em substituições de recursos, treinamento e reorganização da empresa.

Nota: A marca do verdadeiro profissional é, em qualquer campo, a riqueza de seu vocabulário de padrões, desenvolvido no curso dos anos de sua educação formal e, especialmente, ao longo de sua experiência prática. O médico, o artista e o mecânico experientes dispõem de ricos vocabulários.

5.4 Tempo Médio Esperado

O tempo médio esperado (estimado) é um meio de se prever quanto tempo em média um trabalho levará para ser executado e é dado pela fórmula:

$TEM = (A + 4 \times M + B) / 6$

Onde:
TEM = Tempo Médio Esperado
A = Tempo Otimista
M = Tempo Mais Provável
B = Tempo Pessimista

Exemplo:
Tempo Otimista = 2 semanas
Tempo Mais Provável = 3 semanas
Tempo Pessimista = 5 semanas
Tempo Médio Esperado = $(2 + 4 \times 3 + 5) / 6$ = 3,17 semanas = 22 dias

Análise: O tempo médio esperado é utilizado no planejamento de um projeto, programa ou processo. A variável tempo determina, preponderantemente, a efetividade da gerência. Se o tempo de recebimento de matéria-prima aumentou, está na hora de procurar outros fornecedores. Os períodos de planejamento, produção, vendas, distribuição, crédito e cobrança devem ser avaliados.

5.5 Taxa de Cronometragem

A taxa de cronometragem é dada pela fórmula:

$T = (A - B) / M$

Onde:
T = Taxa de variabilidade do elemento cronometrado.
A = Maior dos tempos levantados na série observada
B = Menor dos tempos levantados
M = Média aritmética dos tempos observados

Exemplo:
Série Observada: 10 s, 12 s, 14 s, 15 s, 13 s, 8 s, 12 s, 11 s.
M = (10 + 12 + 14 + 15 + 13 + 8 + 12 + 11) / 8 = 12 (aproximadamente)
T = (15 - 8) / 12 = 0,58 = 58%

Análise: Evidentemente que, à medida que mais se eleva T, maiores são as irregularidades. É comum estimar os seguintes valores:

T = 15%: Reflete uma regularidade muito boa.
T = 30%: Regularidade aceitável.
T = 80%: Trabalho não organizado racionalmente.

A cronometragem se torna delicada, difícil e, às vezes, impossível quando o trabalho a ser pesquisado é instável, tem duração aleatória, a participação mental é preponderante, ou é perigoso.

5.6 Taxa de Duração do Processo

A taxa de duração do processo é dada pela fórmula:

Taxa de Duração do Processo = Padrão Aferido no Laboratório / Padrão Aferido no Campo

Onde:
Padrão Aferido no Laboratório = Média dos tempos medidos no laboratório
Padrão Aferido no Campo = Tempos medidos no campo / número de medições

Exemplo:
Tempo Médio de Laboratório = 2 horas
Tempo Médio de Campo = 2,2 horas
Taxa de Duração do Processo = 2 ÷ 2,2 = 0,91 = 91%

Análise: Obviamente que tempos padrões de laboratório são geralmente menores dos que os aferidos no campo. Mas, a tendência é que estes se tornem menores do que aqueles. Fato que é motivo para uma nova análise.

5.7 Probabilidade do Evento

O fator de probabilidade (Z) de ocorrência do evento é dado pela fórmula:

$$Z = (TS - TEM) / \sqrt{nj^2 \times TEM}$$

Onde:
TS = Tempo preestabelecido
J = Grau de certeza
n = Número de atividades do caminho crítico (maior tempo de duração)
TEM = Tempo médio estimado

O grau de certeza é dado pela fórmula:

$$J = \sqrt{(B - A)^2 / 6^2}$$

Onde:
B = Tempo Pessimista
A = Tempo Otimista

Se B = 5 semanas e A = 2 semanas, vem:

$$J = \sqrt{(5-2)^2 / 6^2} = \sqrt{9/36} = \sqrt{0,25} = 0,5$$

Tomando-se os seguintes valores: tempo médio esperado (3,17); grau de certeza (0,5); tempo preestabelecido (4) e número de atividade do caminho crítico (20), vem:

$$Z = (4 - 3,17) / \sqrt{20 \times (0,5)^2 \times 3,17} = 0,83 / \sqrt{320,96} = 0,83/17,91$$

Z = 0,047

Resposta: Se Z = 0,047, a probabilidade de ocorrer o evento é de 52%.

Para melhor utilização da tabela de probabilidade é dado um outro exemplo, onde:

- Tempo preestabelecido = 4
- Número de atividades do caminho crítico = 20
- Tempo médio estimado = 9,7
- Grau de incerteza = 1,0
- Fator de probabilidade = – 0,4092

Resposta: A probabilidade de ocorrer o evento é de 33% (aproximadamente)

Nota: Com certeza o leitor achou complicado o texto que acabou de ler. Mas é preciso entender que, se fosse fácil, todos saberiam administrar o tempo com maestria.

5.8 Observações das Atividades

As observações das atividades podem ser feitas pelas Folhas de Observações Diretas e de Observações Instantâneas.

A folha de observações diretas é um controle do tempo utilizado por um funcionário para se poder estabelecer padrões ou avaliar seu desempenho, através de diversas observações.

Folha de Observações Diretas:

Nome:			
Departamento:			
Seção:			
Data:			
Hora	**Tempo de Atividade (min)**	**Tempo de Inatividade (min)**	**Motivos da Inatividade**
08:00 – 09:00	40	20	Telefone
09:00 – 10:00	55	5	Interrupção
10:00 – 11:00	30	30	Banheiro
11:00 – 12:00	45	15	Diversos
12:00 – 13:00	0	60	Almoço
13:00 – 14:00	40	20	Instruções
14:00 – 15:00	60	0	
15:00 – 16:00	50	10	Telefone

16:00 – 17:00	45	15	Ajuda
17:00 – 18:00	55	5	Interrupção
Total	420	180	
%	70%	30%	

Quadro 5.1: Folha de Observações Diretas.

O problema é determinar o número de observações para que o trabalho seja confiável. A fórmula abaixo expressa o número de observações:

$$n = 4\ (1 - p)\ /\ (p \times e^2)$$

Onde:
n = número de observações
p = percentual de atividade
e = erro = 100% – NC
NC = nível de confiança

Geralmente tomam-se os seguintes valores:

p = 70% a 80% NC = 85% a 95%

Se p = 70% e NC = 90%, o número de observações será:

$$n = 4\ (1 - 0{,}7)\ /\ 0{,}7 \times (0{,}10)^2 = (4 \times 0{,}3)\ /\ (0{,}7 \times 0{,}01) = 1{,}2\ /\ 0{,}0007$$
n = 171 (aproximadamente)

Resposta: Terão de ser feitas 170 observações, aproximadamente, para as condições acima.

A folha de observações instantâneas é um controle para observar o tempo de atividade de um funcionário e comparar com o tempo de inatividade. Este controle substitui a observação de prancheta que constrangia o funcionário e mascarava o resultado, porque era feito com o conhecimento do observado.

Folha de Observações Instantâneas:

n	Hora	Atividade	Inatividade	Motivo
01	08:29	X		
02	09:10	X		
03	10:30		X	
04	11:12		X	
05	12:25		X	
06	13:14	X		
07	14:35	X		
08	15:17		X	
09	16:45	X		
10	17:18	X		
	Total	6	4	
	%	60%	40%	

Quadro 5.2: Folha de Observações Instantâneas.

O quadro acima mostra um nível de atividade baixo (60%), embora o número de observações seja muito pequeno.

Nota: Quanto mais observações forem feitas mais se chegará ao valor real. Mas também é possível utilizar a fórmula do número de observações, mostrada anteriormente.

5.9 Estudo de Movimentos

O movimento constitui a menor unidade dentro da divisão do trabalho. Já o estudo de movimentos é o resultado das análises e das medidas de todos os movimentos envolvidos numa determinada tarefa, com a intenção de eliminar o esforço que pode ser evitado.

A análise não é confinada apenas ao operador, mas se estende ao ambiente onde ele trabalha, ao seu arranjo físico e às ferramentas que usa.

A preocupação com os movimentos partiu de Frank Gilbreth, que, tendo iniciado sua carreira como servente de pedreiro, ficou impressionado com o fato de cada assentador de tijolos usar um método diferente. Ainda mais, que cada assentador usava pelo menos três métodos diferentes: um quando ensinava, outro quando trabalhava depressa e outro quando trabalhava devagar.

Um desses pedreiros sempre lhe dizia: "Não faça tantos movimentos". Esses fatos o levaram a estudar os movimentos, tornando-o o pioneiro desse estudo. Sua esposa, Lillian Gilbreth, socióloga, começou colaborando com ele e acabou realizando estudos ainda mais avançados.

O estudo dos movimentos é desenvolvido e representado por meio de modelos esquemáticos simples. O exame posterior desses modelos é feito de acordo com as leis da economia de movimentos, leis estas que acabaram por gerar princípios.

Temos falado e insistido em economizar tempo, movimento, material e energia, por exemplo. Para tal, se faz necessária uma análise preliminar das atividades, que requer, antes de tudo, um levantamento do método atual. Este estudo pode ser conduzido de acordo com dois graus de análises: Estudo dos Movimentos e Estudo dos Micromovimentos.

O estudo dos movimentos é conduzido mediante a observação normal das operações, sendo feito com base em leis de economia dos movimentos. O estudo dos micromovimentos requer, ao contrário, sistemas e meios mais precisos e aperfeiçoados.

Uma série de princípios foi extraída dos estudos dos movimentos e enumerada em relação aos dois principais aspectos: Corpo Humano e Posto de Trabalho. Para efeito de um conhecimento mais amplo dos princípios relativos à economia de movimentos, será útil examinar o catálogo do prof. Ralph M. Barnes que fornece as seguintes informações:

Em Relação ao Corpo Humano:

- As mãos devem começar ou terminar os movimentos ao mesmo tempo.
- As duas mãos não devem ficar inativas ao mesmo tempo.
- Os movimentos dos braços devem ser concluídos simultaneamente e em direções opostas e simétricas.
- Os movimentos das mãos devem ser os mais simples.
- O impulso deve ser sempre utilizado, quando possível.
- Movimentos curvos e contínuos são preferíveis.
- Os movimentos balísticos são mais rápidos.
- O ritmo é essencial para completar uma operação

Em Relação ao Posto de Trabalho:

- Um posto de trabalho estável deve ter todos os utensílios e materiais necessários.
- Os utensílios e materiais devem ser de fácil acesso.
- Gavetas e recipientes devem usar a força da gravidade.
- Materiais e utensílios devem ser dispostos de modo a permitirem a melhor sucessão de movimentos.
- O local de trabalho deve ser iluminado e limpo.
- A altura da bancada de trabalho e o assento devem permitir comodidade.

Em Relação a Máquinas e Equipamentos:

- Máquinas, ferramentas, equipamentos e utensílios devem ajudar o usuário e não atrapalhar.
- Sempre que possível, deve-se combinar dois ou mais instrumentos.
- Materiais e instrumentos devem estar juntos.
- Alavancas, travessas e rodas manuais devem estar localizadas em posições, tais que permitam ao operador manejá-las com a mínima mudança de posição do corpo e com a máxima vantagem mecânica.

5.10 Automação

Automação significa a transferência de atividades de controle, regulagem e correção de processos feitos pelo ser humano para equipamentos cibernéticos. As máquinas automáticas são capazes de realizar uma sequência de operações até certo ponto semelhantes aos processos mentais humanos, podendo ainda corrigir erros que ocorram no curso de suas operações, seguindo critérios preestabelecidos.

Equipamentos automatizados podem cuidar das funções de observação, memorização e decisão.

Até se chegar à automação, o trabalho passou pelas seguintes fases:

Manual – Trabalho é executado pelas mãos humanas, usando ou não ferramentas manuais.

Mecanização Primitiva – Trabalho é executado por máquinas simples (alavanca, roldana e plano inclinado) acionadas pela força muscular, pela queda d'água e pelo vento.

Mecanização Industrial – Trabalho é executado por máquinas acionadas por vapor, eletricidade ou explosão. A mecanização industrial é geralmente conhecida simplesmente como mecanização.

Mecanização Semiautomática – Trabalho é executado por máquinas que fazem alguns movimentos ou operações sem controle humano direto, como, por exemplo, parar após terminar uma operação por determinado defeito ou alimentar-se sozinha.

Robótica – Trabalho é feito por um robô (sistema eletromecânico) que desempenha tarefas repetitivas com altíssimo nível de eficiência, precisão e segurança. Não confundir com Inteligência Artificial.

John Diebold, diz que "automação é um meio de análise de organização e de controle de processos de produção, tendo em vista a melhor utilização possível de recursos". A velocidade da transformação do setor da informática, face aos custos decrescentes e pela confluência com as telecomunicações, assume a responsabilidade de uma mudança na estrutura da economia.

A máquina simula parte do mecanismo de pensar do homem, lida com linguagens próximas do homem, gerencia outra máquina.

Tradicionalmente, a automação da empresa, especialmente pequena e média, começava pela área contábil. Hoje, empregam as máquinas para integrar suas diversas áreas. Envoltas no mesmo barco, as empresas se dão conta de que, diante da tempestade, o melhor é remar em bloco e impedir que a embarcação vá a pique.

Os acordos de cooperação tecnológica são uma alternativa interessante para a otimização de recursos e investimentos, sem que os parceiros percam sua própria identidade no mercado.

A automação é o caminho definitivo para o controle de toda a empresa, aumento da produtividade, melhoria da qualidade, fortalecimento da posição diante da concorrência e aumento da capacidade de gerar lucros. É uma mudança na filosofia, no comportamento e até no ambiente. Às vezes, ela gera mudanças tão radicais na empresa, que afeta os seus produtos.

Antes de tomar a decisão de investir em automação, a empresa deve verificar: a idoneidade do fornecedor da tecnologia; a tecnologia a ser fornecida já está ultrapassada; o equipamento comprado pode agregar novas tecnologias, no futuro; o fornecedor é capaz de dar treinamento e manutenção; o equipamento pode ser ampliado com aproveitamento do já existente.

As principais consequências da automação são: maior volume de produção, com consequente diminuição dos custos; melhor qualidade dos produtos; maior produtividade; menores salários; desemprego; jornada de trabalho reduzida; mais tempo de lazer; necessidade de um grau mais elevado de formação profissional, intelectual e cultural.

Nota: Os cientistas acreditam que está havendo uma simbiose entre o homem e a máquina. A máquina caminha para se tornar humano e o humano cada vez mais age como máquina.

5.11 Micromovimento

A preocupação dos Gilbreth foi dividir o trabalho em movimentos elementares que acabaram criando uma espécie de alfabeto dos movimentos. Notaram que, à medida que o trabalho vai sendo dividido, vão aparecendo pequenos movimentos que são comuns a várias operações e que, em todas elas onde aparecem, são sempre iguais.

Ele levantou 17 movimentos elementares, que batizaram de micromovimentos ou therbligs.

Therblig é o anagrama invertido do nome Gilbreth. Significa a menor unidade de movimento.

Os micromovimentos são divididos em três grupos:

Grupo de Procura: procurar e escolher.

Grupo de Execução: pegar, transportar vazio, transportar com carga, tomar posição, proporcionar, montar, desmontar, utilizar, soltar carga, inspecionar e segurar.

Grupo de Espera: espera evitável, espera inevitável, repouso e planejamento.

Capítulo 6

Estudo de Caso

"A definição, análise e resolução de problemas são tão importantes quanto planejar e estabelecer estratégias."

Robert Heller

Objetivos do Capítulo

- Mostrar a dificuldade de se definir o que seja um problema, já que tudo parece como tal.
- Mostrar os principais conceitos que ajudam no estudo de caso.
- Mostrar uma metodologia de estudo de caso.

6.1 Estudo de Caso

O estudo de caso consiste em apresentar, de forma sucinta, uma situação real ou fictícia, para ser discutida em um grupo. A forma de como apresentar o caso pode consistir em descrição, narração, diálogo, dramatização, sequência fotográfica, filme, artigo, resenha, relatório.

O objetivo principal do estudo de caso é propor um diagnóstico para uma situação vivenciada em uma organização.

Esta técnica pode receber, também o nome caso seminário, discussão resultado, resolução de problema e que consiste na apresentação de um caso para o grupo dar sugestões ou apresentar soluções, conforme o fato, enfoque ou método. Também pode ser usado com a finalidade de atingir determinados objetivos, tais como:

- Desenvolver a capacidade analítica e espírito crítico no participante (funcionário, professor, aluno, leitor).
- Buscar a motivação e integração do grupo.
- Capacitar o participante a entender como, quando, onde e por que tomar decisões.

Os tipos de casos mais utilizados são: Caso Problema e Caso Análise.

O caso análise tem como objetivo desenvolver a capacidade analítica. Mas, quanto mais aprofundada for a análise, maior é a certeza de que a tomada de decisão apresenta menos risco. No caso análise, a unanimidade geral não é o propósito do encontro.

O caso problema tem como objetivo chegar a uma solução, a melhor possível, em função dos dados apresentados. No caso problema, há um esforço de síntese. É importante observar que ninguém pode, com certeza, dizer qual o caminho certo na solução de um problema. Neste caso o grupo desenvolve a melhor solução, em função dos recursos disponíveis.

O estudo de caso é uma técnica de simulação. Ele parte do princípio de que existe sempre mais de uma solução adequada para qualquer problema. Tal método requer que seja designado um coordenador que deverá ser o elemento capaz de fazer o grupo trabalhar de maneira organizada, não sendo levado à dispersão.

A ação adequada deve ser precedida de diagnóstico do problema, o que não é muito complicado, quanto às questões técnicas e operacionais. Mas, que se torna muito complexo quando envolve temas comportamentais e afetivos, cujas sutilezas exigem análise mais intensa.

A contribuição do método é a de organizar as atividades, tornando mais provável que os problemas sejam atacados no momento apropriado. As etapas de estudo de caso são as seguintes:

a) Leia o caso cuidadosamente.
b) Liste os aspectos (fatos) básicos e relevantes.
c) Avalie as informações e busque diagnosticar o problema.
d) Estabeleça alternativas de solução para o problema.
e) Escolha a alternativa de solução mais adequada e implemente.
f) Prepare um plano de acompanhamento.

O coordenador deverá conduzir o debate no sentido de que não haja perda de tempo ou que alguém desvie o grupo do tema. Embora o caso seja discutido em grupo, é comum dividir em subgrupos menores. Cabem, ao coordenador geral, os seguintes procedimentos:

- Anunciar e apresentar o caso, pedindo aos participantes que façam anotações individualmente.
- Explicar que os participantes não devem perder tempo com dúvidas momentâneas, porque estas serão dirimidas pelo grupo.
- Dar início à discussão, trazendo perguntas, como: "O que lhe chamou mais atenção e qual é realmente o problema?"
- Dar a palavra a quem solicitar, administrando o tempo de cada um.
- Fazer comentários.
- Incitar o debate.
- Pedir que cada grupo estude um determinado aspecto do problema.
- Ser mais ouvinte do que orador, para não inibir os participantes.

Independente do grupo, cada um deve apresentar o seu relatório. Cabe ao coordenador apresentar como definiu o problema, como fez sua análise e qual foi a solução de consenso.

6.2 Conceitos Complementares

Alguns conceitos complementares ajudarão no estudo de caso, tais como:

Estudo – O estudo ajuda na solução de um problema, porque adianta uma descrição analítica de um fenômeno, fato, evento, situação, por exemplo. Estudo ajuda a descomplicar a descrição de um problema.

Estudar – Estudar é um ato pelo qual cada pessoa enfrenta a realidade para compreender e elucidar o que vê. Não é simplesmente ler ou ouvir algo sobre determinado assunto. É concentrar todos os recursos e habilidades pessoais na capacitação e assimilação dos dados, relações e técnicas conducentes ao domínio de um problema ou assunto.

Há muita coisa para se estudar e aprender, infinitamente mais do que um só indivíduo pode dominar. Isto implica, consequentemente, o exercício de um processo decisório sobre o que estudar.

Problema – Problema (questão) é algo (situação, dificuldade, necessidade) que exige a busca de uma resposta, além de evitar conflito, constrangimento, discussão, hesitação, perplexidade e discrepância entre o que é e o que deveria ser. Tal resposta pode alterar um processo, uma decisão, uma realidade, um objetivo, uma estratégia, uma política, um procedimento, um plano e um projeto, por exemplo.

Um problema não resolvido, em qualquer campo do conhecimento, merece um estudo aprofundado.

Chiavenato admite que "um problema acontece quando encontramos uma discrepância entre o que é e o que deveria ser". Hampton afirma que "a mola que aciona o processo decisório é a consciência de que existe um problema".

Ao se tentar responder ao questionamento anterior, verifica-se, em geral, que todo projeto surge para resolver um problema. Isto quer dizer que a origem do projeto, geralmente, é um problema não resolvido.

O problema é uma questão proposta para que se lhe dê uma solução. O importante é, em primeiro lugar, individualizar, entre várias questões, o problema central a ser enfrentado. Um problema imprecisamente identificado irá criar dubiedades, anulando sua razão de ser.

Sintoma – Um sintoma é um desvio do comportamento de um sistema àquilo que se considera normal. Custos mais baixos do que os normais são um sintoma e não algo errado, indicam uma mudança no sistema. Aplicando-se técnicas estatísticas, pode-se detectar o sintoma.

Os sintomas são obtidos não apenas pela comparação do atual com o passado, como também pela comparação com sistemas semelhantes, por exemplo, o concorrente. Alguns autores nos falam de pré-sintomas, como sendo um prenúncio de um sintoma.

Análise – Análise é a busca da melhor solução (resposta) para uma questão colocada em estudo ou dúvida. A análise permite dividir aquilo que se deseja conhecer em tantas partes quanto possíveis, de modo a trazer conhecimento de cada uma delas, e, com isso, chegar ao detalhamento do todo.

O estudo de um processo (sistema, projeto, solução, atividade), em todos os seus detalhes, recebe o nome de análise, que procura, sobretudo, apontar fraquezas, qualidades, vantagens, desvantagens, oportunidades e restrições.

A visão geral que se tem da análise é a de um processo que visa descobrir as causas de determinadas coisas ou os efeitos de ações, produzindo, desde que possível, procedimentos, quanto ao que deva ser feito para melhorar alguma coisa. Desse modo, a análise resume-se, tão somente, em apontar alternativas, em fazer sugestões, em procurar soluções, as mais diversas, para os males encontrados ou apontados.

Ora, a pergunta que surge é, naturalmente, aquela que exprime as seguintes dúvidas: Por que a análise? Qual o motivo de se analisar algo que esteja funcionando?

A análise busca apontar: falhas estruturais; objetivos, propósitos e metas mal definidos; desperdícios; controles insuficientes; carga de trabalho mal distribuída; inadequabilidade de meios e recursos; rotinas ineficientes; estratégias mal formuladas; falta de conhecimento adequado e muito mais.

Avaliação – A avaliação mostrará qual o resultado conseguido, bem como o feedback que se deve dar para corrigir os desvios não previstos. Avaliar é comparar, por meio de um controle, os resultados obtidos com os padrões propostos anteriormente.

Uma avaliação deve ter, de preferência, um relato escrito. Segundo Koontz, "avaliar significa fazer uma apreciação ou estimativa". A avaliação é importante para qualquer indivíduo e/ou organização, pois é através dela que se adquire senso crítico e racionalização dos recursos.

A avaliação requer um referencial, isto é, um padrão. A falta de padrões objetivos e concretos dá àquele que avalia campo para dar vazão aos seus preconceitos, idiossincrasias e tendenciosidades. A falta de avaliação de um resultado, uma resposta ou um desempenho não dará ao administrador condições de compará-los aos padrões pretendidos.

A avaliação tem sido utilizada pelos homens e animais, bem como pelas organizações. Ela é realmente uma condição de vida da qual não há como escapar, a não ser que a retiremos do vocabulário do dirigente empresarial.

Os administradores não julgam apenas a mera capacidade de produzir resultados, mas também estão preocupados com o modo pelo qual os resultados são produzidos e com as implicações no curto e no longo prazo dos métodos utilizados.

Embora nem sempre isto seja possível, a avaliação de desempenho por confronto com o padrão deve, idealmente, ser feita numa base futura, de forma que os desvios possam ser descobertos antes de sua ocorrência real e evitados com remédios adequados.

Entretanto, o administrador sagaz, que tem os olhos no futuro, pode, às vezes, predizer desvios do padrão. Na falta de tal habilidade, os mesmos devem ser revelados.

Diagnose – A diagnose é a caracterização da problemática, isto é, conjunto de problemas menores relativos a um determinado problema maior.

Diagnóstico – O diagnóstico é um levantamento de dados (informações) a respeito de um problema, que ajuda a dar uma definição para as causas (origens) que criaram tal situação. É o caminho que resolve, mesmo que temporariamente, o problema, por meio de hipótese(s) de solução.

Hipótese – Hipótese é uma suposição que se faz na tentativa de explicar o que se desconhece. Ela é uma proposição enunciada para responder, tentativamente, a um problema. É um enunciado conjectural das relações entre duas ou mais variáveis, que é aceito provisoriamente.

A característica básica de uma hipótese é de que ela é uma suposta, provável e provisória resposta a um problema. Isto quer dizer que demanda tempo para ser comprovada. É uma suposição que antecede a constatação dos fatos.

A formulação da hipótese tem como condições: ter caráter explicativo e/ou preditivo; ser compatível com o conhecimento científico; ter relevância e consistência lógica; ser passível de verificação empírica. Para não perder tempo o administrador precisa que a hipótese seja correta e se apresente formalizada, fundamentada e baseada em conhecimentos anteriores, porque terá de ser constatada empiricamente.

Solução – A solução é um meio ou processo de superar um problema. Nem sempre a solução apresentada permite a resolução total do problema, pois a mesma tem de ser conclusiva e demonstrável, como recomenda a ciência.

A solução de um problema utiliza, racionalmente, as ferramentas gerenciais. Assim a função administrativa análise, por exemplo, busca a melhor resposta possível dentre várias. Resposta é definida como uma reação necessária e suficiente, embora nem sempre seja a solução do problema.

A solução de cada problema gerencial é dada por meio de uma série de ajustamentos, em que cada um deles é avaliado em relação à margem de contribuição que dê para o resultado final da empresa. Como as pessoas evitam "perder" tempo, energia e dinheiro na busca de uma solução própria e original, elas se voltam para soluções já apresentadas e de conhecimento geral.

Implementação – A implementação é a transição da decisão para a execução, isto é, colocar em prática aquilo que foi proposto como hipótese de solução. Existem pontos comuns à maioria das implementações, pelo que é possível estabelecer uma série de questões, tais como:

- Que estrutura organizacional montar?
- Como treinar as pessoas envolvidas?
- Haverá a necessidade de contratação de mão de obra?
- Há disponibilidade dos recursos previstos?
- Que testes serão executados?
- Como o novo sistema funcionará em paralelo com o antigo sistema?

A implementação de um plano sofre a influência de inúmeros problemas organizacionais que prejudicam a sua consecução, devido à falta de: habilidade em diagnosticar problemas; capacidade de liderança; uma metodologia adequada; recursos; uma correta avaliação do risco; competência para delegar; habilidade para administrar conflitos e resistência à mudança.

Toda a implementação será um processo interativo, porque se ocorrerem grandes desvios, talvez você precise modificar os objetivos, mudar as estratégias e táticas ou revisar a metodologia. Enfim, fazer correções.

Implantação – Etapa que sucede a implementação de um projeto e que se diferencia por poder ser aplicada de maneira sucessiva (incremental), pois se deve atacar primeiro aquilo que seja mais vantajoso e rentável.

A maioria dos autores confunde implementação com implantação. Para dirimir esta dúvida siga a seguinte regra: "Para plano aplica-se implementação e para projeto implantação".

A implantação é a fase onde se treina o usuário. Esta fase bem completada pode dar início a uma operação perfeita e ao entrosamento nos serviços e nos procedimentos da empresa. É fatal que, durante a implantação, surjam problemas não previstos, cujas soluções exijam uma reformulação de alguns pontos do sistema projetado. Não se deve encarar tal fato como indicativo de um projeto mal construído.

É fatal que, durante a implementação ou implantação, surjam problemas não previstos, cujas soluções exijam uma reformulação da solução proposta.

Acompanhamento – É de grande importância que haja um acompanhamento das soluções implementadas, durante um determinado período, porque a comparação com os novos resultados alcançados torna possível avaliar se as medidas aplicadas resolveram a problemática do caso em pauta e, também, para verificar se existem ajustes, mudanças e modificações convenientes a serem realizadas.

O acompanhamento poderá ser feito por meio de: reuniões, relatórios, controles, matrizes, quadros, índices, indicadores, planilhas, por exemplo.

Variável – A variável é qualquer quantidade, qualidade, classificação, medida, característica ou atributo que pode possuir diferentes valores numéricos. O aspecto que mais salta aos olhos no equacionamento de um problema são as variáveis que assumem diferentes valores, às vezes, mutuamente excludentes para ajudar a testar a(s) hipótese(s).

Portanto, uma variável pode ser considerada, também, como: valor, aspecto, propriedade, fator, objeto, traço, magnitude.

A variável pode ser independente ou dependente. A variável independente é aquela que influencia, determina ou afeta uma outra variável. A variável dependente é o fator que aparece, desaparece ou varia à medida que o investigador introduz, tira ou modifica a variável independente.

Ela é efeito, resultado, consequência ou resposta a algo que foi manipulado na variável independente.

6.3 Empresa Tempo Limitado

A seguir, será realizado um estudo de caso:

Como de costume o Sr. Carlos levanta-se às 6 h e 30 min da manhã, já pensando que terá um longo dia pela frente e à noite deverá ter um jantar de negócios. Ele é o gerente de vendas da empresa, trabalha na mesma há 15 anos, tendo iniciado sua carreira como vendedor. Hoje é diretor de vendas.

Tem prestígio com o diretor-geral, tendo em vista o seu dinamismo, cortesia e sacrifício, porque gastou muitos fins de semana viajando para reuniões e compromissos diversos, em nome da empresa. Desde que assumiu o cargo atual sente que não tem tempo para mais nada, mal vê os filhos, sua qualidade de vida piorou e já começou a ter problemas com a esposa que insiste em discutir a relação deles.

Outra reclamação crônica diz respeito ao fato de que além de chegar tarde em casa, ainda leva trabalho para fazer.

Certo dia, ao chegar ao escritório encontrou um recado do Sr. Freitas, gerente regional da região sul, informando que estaria na sua sala para tratar de um assunto muito urgente. Mais um dia de problemas, pensou, justo hoje que o diretor-geral volta de férias. Sua mesa era uma bagunça, pois estava atulhada de papéis para assinar, recados para responder, correspondência para ler e cartas para assinar.

Passava os olhos numa revista quando o Sr. Freitas chegou. Este estava bastante nervoso e foi direto ao assunto, comunicando que um cliente reclamou que um seu concorrente tinha recebido da empresa um mesmo produto com um preço mais barato e ameaçava devolver a mercadoria. Mas, o que mais irritava o Sr. Freitas é que este desconhecia o fato, e se sentia como marido enganado.

Um tanto surpreso e embaraçado o Sr. Carlos resolveu "abrir o jogo", explicando que o tal concorrente havia recebido um preço especial porque se tratava de uma mercadoria devolvida, devido à falência de uma outra firma que tinha comprado a mesma. Não podia prever que tal transação vazasse.

Então prometeu que tal fato não se repetiria, pois dava muito valor à cadeia de comando. E, assim dito, concedeu o mesmo desconto para o cliente mencionado pelo Sr. Freitas. A solução para o problema levantado fez o Sr. Carlos perder mais de uma hora.

Sua secretária entrou na sala e avisou que o diretor-geral solicitava a sua presença. Interrompendo a reunião com o Sr. Freitas, a quem pediu que esperasse uns momentos, dirigindo-se à sala do chefe. Depois de um papo inicial e um cafezinho o diretor solicitou o relatório de vendas do mês anterior.

O Sr. Carlos informou que estava em fase final de elaboração, prometendo entregá-lo no dia seguinte. Ao sair da sala do diretor encontrou o gerente de produção que pediu uma reunião para tratar da previsão de vendas para o mês seguinte. Marcaram a reunião para as 4 h da tarde daquele mesmo dia.

Ao voltar à sua sala sua secretária informou que o Sr. Freitas havia ido embora e sua mulher havia telefonado, bem como o Gerente Regional Oeste, que precisava de uma orientação. Ligou para a esposa pessoalmente e essa o avisou que teria de pagar a escola das crianças, pois era o último dia, mas que ele esquecera de deixar o talão de cheques em casa e que o cartão de crédito estava estourado. O Sr. Carlos avisou de que faria o pagamento na hora do almoço.

Sua secretária lhe lembrou de que precisaria fazer às 10 h uma entrevista de seleção. Ligou para o gerente da região oeste para saber da tal orientação, sendo informado de que o mesmo não sabia como proceder em casos de acidentes com vendedores.

O Sr. Carlos prometeu consultar o Departamento de Recursos Humanos e ligar em seguida. Como não conseguiu falar com o gerente de pessoal que estava fora da empresa, resolveu conversar com alguns subordinados a respeito de acidentes, porque ele não tinha instruções de como agir. Não obtendo as informações desejadas voltou a sua sala e pediu à secretária que chamasse a pessoa encarregada do relatório de vendas.

Ao conversar com ela lembrou-se de que tinha esquecido de passar dados importantes. Remexeu as gavetas, procurou em cima da mesa, perguntou à secretária se estavam com ela e, finalmente, ao olhar na pasta, encontrou-os.

Eram quase 11 h quando atendeu ao candidato a assistente de gerente de vendas, uma nova posição que ele estava propondo para aliviá-lo da carga excessiva de trabalho. Analisou o currículo do candidato e conversou com ele durante 45 min, sendo interrompido por vários telefonemas e pela secretária que pediu algumas instruções.

Ficou de dar uma resposta ao entrevistado na semana seguinte, pois precisava discutir a proposta com o diretor-geral e dependia da sua aprovação. Depois de assinar alguns papéis saiu para pagar a escola dos filhos. Como o trânsito estava muito congestionado, encontrou a tesouraria da escola fechada para almoço.

Enquanto esperava foi a uma lanchonete para comer algo. Voltou novamente à escola onde teve de esperar, pois havia fila, pagou as mensalidades e quando chegou ao escritório já eram 14 h. Encontrou um recado do gerente regional da zona oeste que ligara para cobrar as informações prometidas.

Voltou a procurar o gerente de pessoal. Conversou com ele sobre o acidente e foi informado de que seria necessário falar com a companhia de seguros. Resolveu ficar ali mesmo. Depois de vários telefonemas conseguiu, finalmente, todos os dados necessários.

Voltou a ligar para o gerente regional, passando as informações. Já eram 15 h e como estava cansado, decidiu abrir a sua correspondência. Foi quando se lembrou de que deveria rever a nova lista de preços, mas para isso necessitava de dados sobre custos de matérias-primas e insumos.

Então, pediu à secretária para consegui-los. Enquanto isso preparou o material que iria precisar para discutir com o cliente com quem jantaria à noite. Verificou que a lista de preços iria fazer-lhe falta e decidiu proceder a alguns cálculos aproximados já que não teria tempo para fazer o trabalho todo.

Com isso, atrasou-se para a reunião com o gerente de produção, que só se iniciou às 16 h e 45 min e, além disso, foi interrompido diversas vezes por telefonemas, pelo funcionário encarregado do relatório de vendas e por uma solicitação do diretor-geral. Às 19 h resolveu interromper a reunião para encontrar-se com o seu cliente.

Antes de sair pôs na pasta a lista de preços e os dados sobre os materiais para dar uma espiada quando chegasse à sua casa. O jantar e a conversa com o cliente prolongaram-se até às 22 h. Ao chegar ao lar estava tão exausto que resolveu deixar a tal lista para o dia seguinte.

A maneira de atuar do Sr. Carlos é comumente encontrada nas empresas e causa enormes desperdícios de tempo, de esforço e de recursos, gerando um ambiente tenso e de baixa produtividade. Portanto, resolva o problema, chegando a uma hipótese de solução.

Liste quais são os principais desperdiçadores de tempo do Sr. Carlos, antes mesmo de elaborar uma metodologia de solução.

Resposta:

A seguir, estão colocadas, metodologicamente, as fases básicas de um estudo de caso, do tipo problema:

Diagnose:

Em nossa problemática podemos destacar as seguintes questões:

01 – Por que precisa levar trabalho para casa?

02 – Por que vive reclamando da falta de tempo?

03 – Por que sua mesa é uma bagunça?

04 – Por que seu backolog (trabalho acumulado) chegou a um volume tão grande?

05 – Por que o Sr. Freitas precisou ir a sua sala para tratar de um assunto "super urgente"?

06 – Por que são feitas concessões de desconto que não são comunicadas à Força de Vendas?

07 – Por que levou tanto tempo para explicar ao Sr. Freitas uma coisa tão banal?

08 – Por que, depois de dar as explicações ao Sr. Freitas, ainda pediu que o mesmo o aguardasse, pois iria falar com o diretor?

09 – Por que sua secretária não usou o interfone para avisá-lo da chamada do diretor?

10 – Por que o relatório de vendas não estava pronto?

11– Por que fez uma promessa que não poderia cumprir, sobre o relatório de vendas?

12 – Por que a sua esposa precisa ligar para ele resolver problemas menores e particulares?

13 – Por que o gerente da região oeste ligou para ele, em vez de ligar direto para o Departamento Pessoal?

14 – Por que teve de discutir com subordinados assuntos que não lhe dizem respeito?

15 – Por que tem de demonstrar para a secretária que não sabe onde os documentos se encontram?

16 – Por que só começou a entrevista com uma hora de atraso?

17 – Por que não se preparou para a entrevista?

18 – Por que foi tão interrompido durante a entrevista?

19 – Por que não ligou para o Colégio para saber o horário para pagamentos?

20 – Por que se comprometeu com o gerente da região oeste a fazer uma coisa que não lhe competia?

21 – Por que só abriu sua correspondência às 15 horas?

22 – Por que lhe cabe rever a lista de preços?

23 – Por que marcou uma reunião com o gerente de produção no corredor, tendo um dia ainda cheio de compromissos não atendidos?

24 – Por que fazer reuniões de negócio à noite?

25 – Por que uma simples reunião de previsão de vendas durou 2 h e 30 min?

Análise:

As principais análises a serem destacadas são:

Pergunta 01: Levar trabalho para casa só deve ser feito em última necessidade e não se tornar uma rotina. O tempo discricionário deve ser aproveitado de outra maneira para que a pessoa se torne mais criativa e até mais inteligente nas suas decisões.

Pergunta 02: A reclamação sobre a falta de tempo, provavelmente, se deve ao fato de não saber delegar e nunca ter estudado administração do tempo.

Pergunta 03: Por que não foi treinado para ser gerente, carecendo de conhecimentos de Administração.

Pergunta 04: Por pura incompetência.

Pergunta 05: O Sr. Carlos precisa mostrar a sua secretária a diferença entre o que é urgente e o que é prioritário, se souber.

Pergunta 06: Por que não há uma política de preços na empresa.

Pergunta 07: Por que o Sr. Carlos não é pragmático e, muito menos, objetivo. Talvez queira tratar dos negócios como se fosse um político e não um administrador.

Pergunta 08: O Sr. Carlos parece que tem prazer de que as pessoas esperem por ele, tomando o tempo das mesmas.

Pergunta 09: A secretária está tão acostumada a interrompê-lo, que tal prática passou a ser comum. Ela não sabe aguardar o momento certo.

Pergunta 10: Por que o Sr. Carlos não acaba aquilo que começa tendo sempre algo a terminar, parecendo muito "ocupado".

Pergunta 11: O Sr. Carlos prometeu entregar o relatório no dia seguinte, sem ao menos consultar sua agenda. Parece que ele não tem agenda de trabalho.

Pergunta 12: O Sr. Carlos precisa fazer tudo sozinho, porque não sabe delegar.

Pergunta 13: Provavelmente, porque o Sr. Carlos deve ser daqueles que faz coisas improdutivas para dizer que é o tal.

Pergunta 14: O Sr. Carlos desconhece as funções de seu cargo.

Pergunta 15: Por que é desorganizado e seu trabalho não possui método e disciplina.

Pergunta 16: Pelo mesmo motivo, não sabe administrar o tempo executivo.

Pergunta 17: Pelo fato de estar ocupado com coisas irrelevantes, inúteis e improdutivas.

Pergunta 18: Por que desconhece o que deve ser uma entrevista. Precisa ler e estudar sobre o assunto.

Pergunta 19: Por que o telefone é uma ferramenta que não sabe utilizar. Ligar para o Colégio é função da secretária.

Pergunta 20: Pela mesma razão apontada na análise da pergunta 13 e, também, por, até hoje, ainda, desconhecer a palavra "não". Muito político, mas péssimo administrador.

Pergunta 21: Correspondência de cunho pessoal é o Sr. Carlos que abre. Correspondência da organização é a secretária que, além de abrir, registra e coloca em ordem cronológica para apreciação do chefe.

Pergunta 22: Se houvesse uma política de preços com as margens, descontos e reajustes previstos, o Sr. Carlos receberia a lista pronta, a menos que não confie nos subordinados, achando-os incompetentes.

Pergunta 23: Marcar reunião em um corredor, com tanta coisa para fazer demonstra duas coisas: a primeira, é de que não tem a mínima visão do que acontece ao seu redor e, a outra, talvez, seja de que não tem mais desculpas para adiar tal encontro.

Pergunta 24: Reunião de negócios à noite é para incompetentes. Este período é para: dedicar à família, fazer cursos, ler, estudar, ver TV, telefonar para amigos e atualizar seus conhecimentos, acessar a Internet.

Pergunta 25: Nesta reunião, com certeza, foram tratados outros assuntos, pois um encontro como este, mesmo que seja complicado, não pode ultrapassar mais de 40 min, pois aquilo que não se resolve neste período precisará de uma outra reunião, no futuro. Reunião não é seminário.

Diagnóstico:

O diagnóstico é fácil de determinar. O Sr. Carlos não tem a mínima noção das funções administrativas, funções organizacionais e gerencia mal os recursos. É possível que, por ser um bom vendedor, foi feito gerente, sem estar preparado para o cargo. Fato que é muito comum nas empresas. Um bom vendedor não traduz um bom gerente, e vice-versa.

Hipótese de Solução:

Algumas recomendações de solução devem ser apreciadas para se chegar a uma solução plausível:

Estabelecer políticas e procedimentos de vendas e de pessoal, urgentemente, se possível, com o apoio de uma analista organizacional.

Enviar o Sr. Carlos e secretária para cursos de treinamento de administração do tempo e reciclagem sobre funções administrativas.

Criar um cargo de assistente do diretor-geral para o Sr. Carlos e colocar no seu lugar alguém que entenda de gestão corporativa.

Pedir ajuda a uma empresa de consultoria, se houver necessidade.

Reestudar as funções do Departamento de Vendas, na estrutura organizacional da empresa.

Aplicar técnicas de desenvolvimento organizacional.

Implementação:

A implementação é a transição da decisão para a execução, isto é, colocar em prática aquilo que foi proposto como hipótese de solução. No nosso caso a implementação é, principalmente, de caráter comportamental. Porém, que fique bem entendido, esta fase só acontecerá, verdadeiramente, se a direção da empresa der total apoio.

Acompanhamento:

É de grande importância que haja um acompanhamento das soluções implementadas, durante um período de, pelo menos, seis meses, porque a comparação com os novos resultados alcançados torna possível avaliar se as medidas aplicadas resolveram a problemática do caso em pauta e, também, para verificar se existem ajustes, mudanças e modificações convenientes a serem realizadas. O acompanhamento poderá ser feito por meio de reuniões de crítica e de confrontação.

Nota: O leitor tem todo o direito de discordar dos itens de resposta, apresentados acima, pois cada pessoa tem seu próprio nível de percepção. Se tal for à situação, aconselho que se reúna com pessoas credenciadas para juntos buscarem uma solução. É bom lembrar que tudo é provisório e nada é definitivo, porque uma solução, hoje, pode não valer no futuro.

Nota: O leitor precisa entender que um livro, mesmo didático, é uma abstração. Daí, ele não pode ser muito longo, em virtude do custo e, consequentemente, do preço de venda. Um livro didático não é um tratado ou uma tese de doutorado.

Capítulo 7

Uso do Tempo

Questionário de Autoavaliação

É indispensável que a pessoa possua senso crítico e faça a sua própria avaliação (autocrítica). Para tal, é colocada, a seguir, uma série de questões para conhecer como você emprega o seu tempo. Seja sincero.

01 – É comum você não saber como será o seu próximo dia?

□ Sim □ Não

02 – Um dia de trabalho sem problemas e crises é cansativo e monótono para você?

□ Sim □ Não

03 – Nem sempre você termina o que começa?

□ Sim □ Não

04 – Você é uma pessoa muito ocupada?

□ Sim □ Não

05 – É comum você tomar uma decisão e ficar em dúvida?

□ Sim □ Não

06 – Você custa a perceber a existência de um problema?

□ Sim □ Não

07 – Você prefere executar a tarefa, em vez de delegar?

□ Sim □ Não

08 – Você é aquele que, quando chamado pelo seu chefe, deixa tudo o que está fazendo para atendê-lo?

□ Sim □ Não

09 – Você atende pessoalmente todos os telefonemas e e-mails?

□ Sim □ Não

10 – Você sempre ajuda seus subordinados quando eles têm dificuldades ou problemas com o trabalho?

□ Sim □ Não

11 – Você encara todo e qualquer trabalho como importante?

□ Sim □ Não

12 – Você é aquele que liquida as tarefas rotineiras em primeiro lugar?

□ Sim □ Não

13 – Você é um perfeccionista?

□ Sim □ Não

14 – Você nunca pensa nos objetivos pessoais?

□ Sim □ Não

15 – Você acha que é bobagem fazer planejamento?

□ Sim □ Não

16 – Você passa boa parte do seu tempo de trabalho *quebrando galhos*?

□ Sim □ Não

17 – Você é daqueles que guarda tudo que é papel?

□ Sim □ Não

18 – Você, quando dá uma informação, vai aos mínimos detalhes?

□ Sim □ Não

19 – Havendo riscos, você prefere que as decisões sejam tomadas por outras pessoas?

□ Sim □ Não

20 – Você é daqueles que não perde tempo à procura de medidas que evitem problemas futuros?

□ Sim □ Não

21 – Você só delega trabalhos simples e rotineiros, sem grandes responsabilidades?

□ Sim □ Não

22 – Você é incapaz de dizer não às pessoas?

□ Sim □ Não

23 – O computador é indispensável no seu trabalho?

□ Sim □ Não

24 – Você assume tarefas que cabem a outras pessoas?

□ Sim □ Não

25 – É difícil você distinguir o que é urgente, o que é prioritário e o que é importante?

□ Sim □ Não

26 – Você sabe o momento do seu dia em que o trabalho rende mais?

□ Sim □ Não

27 – Você, antes de ler e assinar um documento, tem a preocupação de verificar erros de ortografia e gramática?

□ Sim □ Não

28 – Você acha que ter objetivos na vida é uma bobagem já que tudo depende do destino?

□ Sim □ Não

29 – Por mais que programe o seu dia de trabalho, sempre ficam muitas coisas por fazer?

□ Sim □ Não

30 – Você resolve tudo em cima da hora?

□ Sim □ Não

31 – Você esquece onde guarda documentos do seu dia-a-dia?

□ Sim □ Não

32 – É comum que as pessoas não entendam quando você fala?

□ Sim □ Não

33 – Você gosta de pensar muito antes de tomar uma decisão?

□ Sim □ Não

34 – A maioria dos problemas é difícil de ser definida?

□ Sim □ Não

35 – Você gasta tempo em trabalhos que outras pessoas podem fazer melhor?

□ Sim □ Não

36 – É comum você se sentir sobrecarregado de trabalho?

□ Sim □ Não

37 – Você, raramente, telefona para confirmar reuniões, visitas, entrevistas e eventos?

□ Sim □ Não

38 – Sua carga de trabalho é maior do que a dos seus subordinados?

□ Sim □ Não

39 – É comum não sobrar tempo para fazer aquilo que é importante?

□ Sim □ Não

40 – Você deixa para o final do expediente as coisas mais importantes?

□ Sim □ Não

41 – Você sempre revê o trabalho dos seus subordinados por que não confia neles?

□ Sim □ Não

42 – Seu lema é tocar a vida em frente sem pensar muito nela?

□ Sim □ Não

43 – Você prefere resolver os problemas na medida em que eles aconteçam?

□ Sim □ Não

44 – Você acha que as coisas que acontecem numa empresa dependem do acaso?

□ Sim □ Não

45 – Você costuma fazer várias coisas ao mesmo tempo?

□ Sim □ Não

46 – Você tem dificuldade em expressar suas ideias?

□ Sim □ Não

47 – Sempre que você toma uma decisão é comum não avaliar os riscos?

□ Sim □ Não

48 – Você é do tipo que acha que os problemas são resolvidos, em função do mercado?

□ Sim □ Não

49 – Você só delega seus assuntos para pessoas experimentadas?

□ Sim □ Não

50 – Você é daqueles que nunca deixa de atender a um telefonema ou uma visita inesperada, mesmo que esteja ocupado?

□ Sim □ Não

51 – O seu telefone está sempre ocupado?

□ Sim □ Não

52 – Você frequentemente leva serviço para casa?

□ Sim □ Não

53 – Suas prioridades são estabelecidas por seus superiores?

□ Sim □ Não

54 – O dia foi feito para trabalhar e à noite para descansar?

□ Sim □ Não

55 – Você controla tudo para nada sair errado?

□ Sim □ Não

56 – É uma perda de tempo elaborar um plano, por que tudo está sempre mudando?

□ Sim □ Não

57 – Você evita assumir compromissos para o futuro?

□ Sim □ Não

58 – Você é do tipo que resolve as crises, não perdendo tempo em evitá-las?

□ Sim □ Não

59 – Você se esquece do lugar onde estão arquivados seus documentos importantes?

□ Sim □ Não

60 – É comum você dar uma informação ou uma ordem e as pessoas voltarem para esclarecimentos?

□ Sim □ Não

61 – Você tem o hábito de adiar problemas difíceis?

□ Sim □ Não

62 – Você acha que os problemas só estão na cabeça das pessoas, pois tudo é muito simples?

□ Sim □ Não

63 – Você tem medo de delegar para não perder o emprego?

□ Sim □ Não

64 – Sua porta está sempre aberta para todos?

□ Sim □ Não

65 – Você não ensina o pulo do gato?

□ Sim □ Não

66 – Para você os recursos tecnológicos avançados só servem para aturdir nossas cabeças?

□ Sim □ Não

67 – Os objetivos do seu trabalho são confusos e incompreensíveis?

□ Sim □ Não

68 – Você come muito na hora do almoço?

□ Sim □ Não

69 – Há coisas no seu setor de trabalho que só você sabe fazer?

□ Sim □ Não

70 – Você acha que regras, manuais, políticas e procedimentos tiram a criatividade das pessoas?

□ Sim □ Não

71 – Você faz as coisas sem pensar no tempo que leva?

□ Sim □ Não

72 – Você tem dificuldades para se concentrar no trabalho?

□ Sim □ Não

73 – Você acha que não é preciso negociar com os subordinados, no dia-a-dia, porque eles já sabem o que têm a fazer?

□ Sim □ Não

74 – Você é daqueles que faz as tarefas que gosta, não as delegando para outras pessoas?

□ Sim □ Não

75 – Você é pau para toda obra?

□ Sim □ Não

76 – Você é daqueles que não resolve problemas por telefone ou e-mails?

□ Sim □ Não

77 – Seus subordinados passam o dia todo com poucas coisas a fazer?

□ Sim □ Não

78 – Você não tem o hábito de ouvir os subordinados, porque só escuta besteiras?

□ Sim □ Não

79 – Você acredita que reuniões devem ser feitas em qualquer horário?

□ Sim □ Não

80 – Você não consegue lidar com pessoas ignorantes e/ou burras?

□ Sim □ Não

81 – Você é usuário compulsivo do computador?

□ Sim □ Não

82 – Você se sente satisfeito quando passa a madrugada viajando na internet?

□ Sim □ Não

83 – Você gosta mais de executar do que administrar?

□ Sim □ Não

84 – Você acha que é bobagem estudar, porque se aprende mesmo é na prática?

□ Sim □ Não

85 – Você tem dificuldades de passar para o papel as suas ideias?

□ Sim □ Não

86 – Você acha que fazer reflexões e análises sobre uma situação é perda de tempo?

□ Sim □ Não

87 – Você só lê coisas do seu interesse e conhecimento específico?

□ Sim □ Não

88 – Você acha que estratégia e tática são a mesma coisa?

□ Sim □ Não

89 – Você não se interessa em participar da elaboração de um plano por que acha chato demais?

□ Sim □ Não

90 – Você nunca se arrependeu de algumas ações realizadas no passado?

□ Sim □ Não

91 – Você é daqueles que dá valor ao conhecimento adquirido, no dia-a-dia, não perdendo tempo em ler livros?

□ Sim □ Não

92 – Você dificilmente se utiliza de modelos e de políticas na resolução de problemas?

□ Sim □ Não

93 – Você exige sempre objetividade das pessoas?

□ Sim □ Não

94 – Você é daqueles que pensa que sua mesa de trabalho deve ser bem grande para que tudo esteja à mão?

□ Sim □ Não

95 – Você participa de reuniões por puro hábito?

□ Sim □ Não

96 – Você tem dificuldade em encontrar o que quer?

□ Sim □ Não

97 – Você tem por hábito adiar decisões difíceis?

□ Sim □ Não

98 – Você se acha uma pessoa pragmática?

□ Sim □ Não

99 – Você tem dificuldade em treinar subordinados?

□ Sim □ Não

100 – Você não suporta pessoas que querem lhe dar conselhos?

□ Sim □ Não

Atenção! Você não deve ver a chave de respostas antes de preencher o questionário. Se assim o fizer, estará sabotando o seu comportamento real e o teste acima de nada valerá.

Chave de Respostas

Totalize os "sim" que você marcou e confira o resultado:

Respostas Sim	Resultados
De zero a dez	Você administra muito bem o seu tempo.
De onze a vinte	Você administra bem o seu tempo.
De vinte e um a quarenta	Você administra de forma regular o seu tempo.
De quarenta e um a sessenta	Você administra mal o seu tempo.
De sessenta e um a cem	Você precisa rever os seus conceitos sobre a Administração do Tempo urgentemente.

Referências Bibliográficas

- ALBRECHT, Karl. *Revolução nos serviços*. São Paulo: Pioneira, 1992.
- ARAÚJO, Jorge Serqueira. *Administração de materiais*. São Paulo: Atlas, 1990.
- ASSEF, Roberto. *Manual de Gerência de Preços*. Rio de Janeiro: Campus, 2002.
- BALLOU, Ronald H. *Logística Empresarial*. São Paulo: Atlas, 1993.
- BARBARÁ, Hani R. E R. Simões. *Administração de vendas*. São Paulo: Atlas, 1975.
- BARROS, Benedito Ferri. *Mercado de capitais e investimentos*. São Paulo: Atlas, 1970.
- BERRY, Leonard L. *Descobrindo a essência do serviço*. Rio de Janeiro: Qualitymark, 2001.
- BOTTINI, Renata Lucia. *Chef profissional*. São Paulo: SENAC, 2009.
- BRAGA, Roberto M.M. *Gestão da gastronomia: custos, formação de preço, gerenciamento e planejamento do lucro*. São Paulo: SENAC, 2008.
- BRUNI, Adriano L. e Rubens Famá. *Gestão de custos e formação de preços*. São Paulo: Atlas, 2002.
- BURBIDGE, John L. *Planejamento e controle da produção*. São Paulo: Atlas, 1991.
- CHAPMAN, Elwood N. *Relações humanas na pequena empresa*. Rio de Janeiro: Qualitymark, 1996.
- CHIAVENATO, Idalberto. *Administração de recursos humanos*. São Paulo: Atlas, 1999.
- CHIAVENATO, Idalberto. *Administração: teoria, processo e prática*. São Paulo: Makron Books, 1987.
- CHIAVENATO, Idalberto. *Iniciação à organização e técnica comercial*. São Paulo: McGraw Hill, 1989.
- CHIAVENATO, Idalberto. *Planejamento, recrutamento e seleção de pessoal*. São Paulo: Atlas, 1999.
- COGAN, Samuel. *Custos e preços*. São Paulo: Pioneira, 1999.
- CONWAY, William E. *Caçadores de desperdícios*. Rio de Janeiro: Qualitymark, 1996.
- COSTA, Nelson P. *Análise do resultado empresarial*. Rio de Janeiro: Ciência Moderna, 2010.
- COSTA, Nelson P. *Básico de administração*. Rio de Janeiro: Pecos, 2005.
- COSTA, Nelson P. *Comunicação empresarial*. Rio de Janeiro; Ciência Moderna, 2008.
- COSTA, Nelson P. *Documentos empresariais*. Rio de Janeiro: Ciência Moderna, 2012.
- COSTA, Nelson P. *Marketing para empreendedores*. Rio de Janeiro: Qualitymark, 2003.
- COSTA, Nelson P. *Tempo: aprenda a administrar*. Rio de Janeiro: Ciência Moderna, 2008.
- COSTA, Nelson P. *Gestão de restaurante*. Rio de Janeiro: Ciência Moderna, 2016.
- COSTA, Nelson P. Antologia do empreendedor. Rio de Janeiro: Ciência Moderna, 2017
- COSTA, Nelson P. Administração para empreendedores. Rio de Janeiro: Ciência Moderna, 2018
- COSTA, Nelson P. *Marketing para empreendedores*. Rio de Janeiro: Ciência Moderna, 2020.
- COSTA, Nelson P. *Glossário do empreendedor*. Rio de Janeiro: Ciência Moderna, 2019.
- COSTA, Nelson P. *Oficina do livro*. Rio de Janeiro: Ciência Moderna, 2021.
- COSTA, Nelson P. *Sistemas de informação*. Rio de Janeiro: Ciência Moderna, 2022.
- COSTA, Nelson P. *Comunicação empresarial (2ª ed.)*. Rio de Janeiro: Ciência Moderna, 2022.
- COSTA, Nelson P. *Estudo de caso*. Rio de Janeiro: Ciência Moderna, 2023.
- COSTA, Nelson P. *Problemas do empreendedor*. Rio de Janeiro: Ciência Moderna, 2023.
- COSTA, Nelson P. *Empresa de alimentos*. Rio de Janeiro: Ciência Moderna, 2024.
- COSTA, Nelson P. *Administrador pragmático*. Rio de Janeiro: Ciência Moderna, 2024.
- COSTA, Nelson P. *Funções administrativas*. Rio de Janeiro: Ciência Moderna, 2025.
- CURY, Antônio. *Organização e métodos: uma visão holística*. São Paulo: Atlas, 2000.
- DENTON, D. Keith. *Qualidade em serviço*. São Paulo: McGraw Hill, 1991.
- DRUCKER, Peter F. *Administração: Tarefas, responsabilidades e práticas*, São Paulo: Pioneira, 1975.
- DRUCKER, Peter F. *Inovação e espírito empreendedor*. São Paulo: Pioneira, 1990.
- DRUCKER, Peter F. *Introdução à administração*. São Paulo: Pioneira, 1991.
- DRUCKER, Peter F. *O gerente eficaz*. Rio de Janeiro: Zahar, 1981.
- FONSECA, Adriana Lara. *Treinamento de manipuladores de alimentos*. Viçosa: Centro de Produções Técnicas, 2006.
- FONSECA, José Ismar. *Curso de contabilidade gerencial*. São Paulo: Atlas, 1993.
- GHEMAWAT, Pankart. *A estratégia e o cenário de negócios*. Porto Alegra: Bookman, 2000.
- GITMAN, Lawrence J. *Princípios de administração financeira*. São Paulo: Harbra, 1997.
- GOUVEIA, Nelson. *Contabilidade*. São Paulo: McGraw Hill, 1984.
- GUERREIRO, Bruno. *Administração mercadológica*. Rio de Janeiro: FGV, 1993.
- HAMPTON, David R. *Administração contemporânea*. São Paulo: McGraw Hill, 1983.
- HARDING, H. A. *Administração da produção*. São Paulo: Atlas, 1989.

- HORNGREN, Charles T. *Contabilidade gerencial*. São Paulo: Pearson, 2004.
- IUDICIBUS, Sergio. *Contabilidade gerencial*. São Paulo: Atlas, 1987.
- JOÃO, Belmiro N. *Metodologia de desenvolvimento de sistemas*. São Paulo: Érica, 1993.
- KNIGHT, John B. e Lendal H. Kopschevar. *Gestão, planejamento e operação de restaurantes*. São Paulo: Roca, 2005.
- KOONTZ, Harold e Cyril O'Donnel. *Princípios de administração*. São Paulo: Pioneira, 1974.
- KOTLER, John e James Heskett. *A cultura corporativa e o desempenho empresarial*. São Paulo: McGraw Hill, 1993.
- KOTLER, Philip. *Administração de marketing*. São Paulo: Atlas, 1998.
- KOTLER, Philip. *Administração de marketing*. São Paulo: Prentice Hall, 2000.
- KOTLER, Philip. *Marketing*. São Paulo: Atlas, 1992.
- LASCASAS, Alexandre L. *Marketing de varejo*. São Paulo: Atlas, 2000.
- LEITE, Helio de Paula. *Contabilidade para administradores*. São Paulo: Atlas, 1997.
- LEONE, George S. Guerra. *Custos – um enfoque administrativo*. São Paulo: Atlas, 1983.
- MACHADO, Jose Roberto. *Administração de finanças empresariais*. Rio de Janeiro; Qualitymark, 2002.
- MANDARINO, Domenico. *Noções básicas de estatística*. São Paulo: Atlas, 1968.
- MARCONI, Marina de Andrade. *Técnicas de pesquisa*. São Paulo: Atlas, 1985.
- MARION, José Carlos. *Contabilidade empresarial*. São Paulo: Atlas, 2003.
- MAYER, Raymond R. *Administração da produção*. São Paulo: Atlas, 1992.
- MINTZBERG, Henry. *Criando organizações eficazes*. São Paulo: Atlas, 1995.
- MORAIS, Carmem. *Atitudes de empreendedores*. Rio de Janeiro: Qualitymark, 2000.
- MOTTA, Paulo R. *Gestão contemporânea: a ciência e a arte de ser dirigente*. Rio de Janeiro: Record, 1991.
- OUCHI, Willian. *Teoria Z*. São Paulo: Nobel, 1988.
- PASCHOAL, Luiz. *Administração de cargos e salários*. Rio de Janeiro: Qualitymark, 2001.
- PORTER, Michael. *Estratégia competitiva e vantagem competitiva*. São Paulo: Campus, 1990.
- PRADO, Darci. *Planejamento e controle de projetos*. Belo Horizonte: DG, 2001.
- RESNIK, Paul. *A bíblia da pequena empresa*. São Paulo: McGraw Hill, 1991.
- SAMPAIO, Dalton. *Pesquisa de mercado*. Rio de Janeiro: FGV, 1984.
- SCHLESINGER, Higo. *Preparação profissional do vendedor*. São Paulo: Atlas, 1986.
- SEBESS, Marina. *Técnicas de cozinha profissional*. Rio de Janeiro: SENAC, 2009.
- SETZER, Valdemar W. *Banco de dados*. Rio de Janeiro: Edgar Blucher, 1988.
- SHETH, Jagdish N. et alli. *Marketing an internet*. Porto Alegre: Bookman, 2002.
- SHIMIZU, Tamio. *Processamento de dados: conceitos básicos*. São Paulo: Atlas, 1988.
- SILVA, Adelphino Teixeira. *Administração básica*. São Paulo: Atlas, 2000.
- SMITH, Adam. *A riqueza das nações: investigação sobre sua natureza e suas causas*. São Paulo: Nova Cultura, 1985.
- SPIEGEL, Murray R. *Estatística*. Rio de Janeiro: Livro Técnico, 1971.
- STEWART, Thomas A. *Capital intelectual: a vantagem competitiva das empresas*. Rio de Janeiro: Campus, 1998.
- STOFFEL, Inácio. *Administração do desempenho*. Rio de Janeiro: Qualitymark, 2000.
- THIRY-CHERQUES, Hermano Roberto. *Modelagem de projetos*. São Paulo: Atlas, 2001.
- TOMIMATSU, Eiji. *Cozinha profissional*. Viçosa: Centro de Produções técnicas, 2008.
- TZU, Sun. *A arte da guerra*. São Paulo: Record, 1990.
- VARGAS, R. *Gerenciamento de projetos*. Rio de Janeiro: Brasport, 2003.
- WARREN, Carl S. *Contabilidade gerencial*. São Paulo: Pioneira, 2001.
- WATSON, Gregory H. *Benchmarking estratégico*. São Paulo: Makron Books, 1994.
- ZACARELI, Sergio B. *Programação e controle da produção*. São Paulo: McGraw Hill, 1988.

Impressão e acabamento
Gráfica da Editora Ciência Moderna Ltda.
Tel: (21) 2201-6662